Corps de femmes

Incarner son féminin

La liste des ouvrages des mêmes auteurs
figure en fin de volume.

Sous la direction de
Stéphanie Honoré

Corps de femmes

Incarner son féminin

PLON
www.plon.fr

« RENAISSANCE »
une collection des éditions PLON
dirigée par Valérie Rossellini

92, avenue de France
75013 Paris
Tél. : 01 44 16 09 00
Fax : 01 44 16 09 01
www.plon.fr
www.lisez.com

Mise en pages : Graphic Hainaut
Dépôt légal : mars 2023
ISBN : 978-2-259-31439-8

Ouverture

« Mais madame, vous n'y pensez pas ? »

C'est à cet instant – sans avoir conscience que c'était alors l'instant *T* –, il y a plusieurs années, tandis qu'un médecin refusait de me retirer une prothèse mammaire devenue douloureuse au quotidien, que l'idée de ce chœur a pris corps. Je ne savais pas encore ni comment, ni avec qui, mais une graine était plantée, elle a germé dans le terreau de ma chair fertile. « Ils ont essayé de nous enterrer, ils ne savaient pas que nous étions des graines », dit le proverbe mexicain. L'hiver fut long, puis le printemps arriva. Sacrée herbe folle !

« Mais madame, vous n'y pensez pas ? »

Ainsi donc, et même avec toute sa bienveillance et son professionnalisme, cet homme-médecine choqué poussa son cri du cœur. J'étais donc folle (les synonymes furent laissés au choix : inconsciente, maso… et aussi extraordinaire, prodigieuse…) de décider de retirer une prothèse et de choisir de vivre ainsi : par ainsi je veux dire *moins un sein*.

Si, justement j'y pensais, et j'avais même longuement réfléchi.

L'impensable se trouvait bien de son côté.

Quand en plus aucun.e autre chirurgien.ne rencontré.e (je le précise car « l'acte tabou » est autant dans le camp féminin que masculin) ne voulut me retirer cette fichue prothèse, c'est toute ma lignée de femmes qui s'est invitée au-dessus de moi. Derrière elles, l'histoire des femmes m'est apparue en ombre chinoise. Énorme. Je me suis demandé à qui appartenait le corps des femmes. À la sphère privée et intime, donc à moi ? À la sphère publique et sociale, et donc pas à moi ? Il fallait bien que je le conscientise : aux deux. Ce fut vertigineux.

« *Mais madame, vous n'y pensez pas ?* »

Derrière cette exclamation, il y eut aussi des mises en garde : « Vous le regretterez toute votre vie », « Vous allez en faire une dépression à vous voir dans cet état tous les jours », « Dans ce cas, autant tout reprendre des deux côtés, car vous avez le sein triste ». La femme chirurgien aux mots aussi glacials et tranchants que son scalpel aurait-elle asséné à un homme opéré des testicules que l'un de ses deux appendices était triste ?

Celui qui accepta de commettre l'irréparable – ou le sacrilège ? – le fit sous conditions : « Pas de retour en arrière possible, faudra pas vous plaindre après. »

La plainte est-elle typiquement féminine ?

En traversant cette maladie, j'avais pourtant maintes fois eu l'occasion de *penser* « la féminité ». Comment se fait-il qu'au moment de sauter le pas, ces archétypes-là me ramenaient à ma condition réflexe de femme, c'est-à-dire en gros et en filigrane : diktat, mise en garde, obéissance ?

Cette fois-ci, ce n'est pas la féminité dont il était question, non, c'était bien plus profond et moins tangible, et cela m'a fait tanguer. Car, après tout, si j'étais passée d'un modèle de poitrine Aphrodite à un modèle Amazone, ces deux-là sont toujours bien des femmes, non, que je sache ? Je n'avais rien saisi, rien appréhendé de la couche si subtile qui s'insère entre féminité et féminin.

Mon corps me fit donc, normal, un retour à l'envoyeuse beaucoup plus puissant. Quand en plus, le « sein » retiré, au lieu d'être analysé par sécurité anatomopathologique, partit en fumée par une erreur d'aiguillage dans le crématorium de l'hôpital, avec les autres pièces opératoires de la journée, il me fallut des trésors de confiance envers lui. Cette confiance, je me suis aperçue que je l'avais appelée foi (du reste, sa racine latine de confiance et de foi est la même, *fides*). Gratitude à toi, mon Corps Vaillant, vraiment !

Ainsi, le *féminin* me revenait en pleine figure, effet boomerang garanti, doublé d'un effet retard dû (fallait bien que je sois honnête avec moi-même !) au déni total de mon corps. Comment avais-je pu habiter ce corps en le prenant pour un simple morceau de viande ? Préférant tout miser sur la tête et son cerveau, cerveau qui, au bout du compte, m'a quand même beaucoup déçue pour reprendre le pitch d'un livre contemporain[1]…

S'est invitée aussitôt une exigence de « prendre soin », de *panser*. N'est-ce pas là un acte archaïquement féminin ?

Pour moi, la guérison du corps ET de l'esprit fut à ce prix.

Il fut alors évident que ce livre serait une chorale, et que chacun.e avec nos couleurs nous dessinerions une sorte de carte au trésor de nos corps. Je ne voulais pas d'un regard à tendance féministe-socio-politique, car d'autres auteures ont déjà très bien parlé de tout ça. J'avais plutôt envie d'un regard pluridimensionnel qui questionne ces différents féminins dans tous ses recoins, et que l'ensemble donne un *corpus* holistique. J'avais envie aussi – élément très important à mes yeux – que l'angle choisi, parmi ces périmètres des divers corps de la société, soit *animé* : halte aux concepts et aux théories et place à nos expériences vécues.

Quand je suis allée rencontrer ces femmes et ces deux hommes, je n'imaginais pas à quel point je me reconnaîtrais autant dans leurs facettes ! Ni combien leurs histoires seraient à ce point touchantes, car il y a ce qui s'est dit oralement entre nous et ce qui, au bout du compte, s'est trouvé *dé-livré* ici. La première fois que j'ai relu tout l'ensemble, le bas de mon dos s'est

1. Dr Antoine Sénanque, *Le cerveau m'a beaucoup déçu. L'esprit, non*, Trédaniel, 2021.

bloqué pendant trois jours, du sacrum aux premières lombaires, une vraie ceinture de cristallisations corporelles nichées au creux du bassin.

Surtout, j'étais loin de réaliser qu'en allant questionner ces corps de femmes, même auprès des hommes, sous autant d'angles et de coutures qu'il y a d'individus, j'allais emprunter un sentier qui mène à la guérison du féminin…

Au-delà de leur expérience de la guérison tout court, une réunification de tous nos corps. Cela m'en fait frissonner encore.

Je les en remercie du fond du cœur.

Je remercie tout autant Valérie Rossellini, éditrice et responsable de cette belle ligne Renaissance (quel magnifique écrin pour ce livre !). Elle a compris l'esprit de cet ensemble, et elle a bien voulu jouer le jeu de ce livre-chorale, avec autant de contrats et de contraintes que de personnes, faisant de ce texte une matérialisation concrète du *cum*, du *Yin*, du *co*llaboratif-*co*opératif.

Corps, n.m. (latin *corpus*),
extrait du Larousse

1. La partie matérielle d'un être animé considérée en particulier du point de vue de son anatomie, de son aspect extérieur : *Les victimes avaient le corps couvert de brûlures.* Contraires : âme, esprit.
2. La partie matérielle de quelqu'un considérée en particulier du point de vue de son fonctionnement interne : *Avoir mal dans tout le corps.*
3. La partie matérielle de quelqu'un après la mort ; cadavre : *Levée du corps.*
4. Le tronc, par opposition aux membres et à la tête : *Il portait des tatouages sur les bras et le corps.*
5. Partie d'un vêtement recouvrant le buste, à l'exclusion des membres : *Le corps d'une robe.*
6. Tout objet, toute substance matérielle : *La chute des corps. Le carbone est un corps simple.*
7. Partie principale d'un objet supportant les autres éléments : *Le corps d'un violon.*
8. Partie essentielle, fondamentale d'un écrit, d'un ouvrage : *Le corps d'une lettre.*
9. Ensemble organisé de règles, de principes ; recueil de textes : *Un corps de doctrine.*
10. Ensemble de personnes appartenant à une même catégorie professionnelle : *Le corps médical.*

Corps contemporain

Mes enfants sont passés par moi et leur père, pourtant ils ne m'appartiennent pas. Fille et garçon, le « choix du roi », et pourquoi pas de la reine, m'a demandé ma fille Lucie un jour quand elle était petite. Mes enfants ne m'appartiennent pas. Néanmoins ce sont mes meilleurs « enseignants ». C'est ma fille qui m'a *consacrée* maman en premier. J'ai souhaité tendre la perche à celle qui, à 13 ans, voulait « être Simone Veil ou rien », et à la jeune femme qu'elle devient. Le flambeau est transmis.

Née en 68, je suis la mère d'une fille née un peu avant l'an 2000, j'observe et j'admire comment, d'une génération de femmes à l'autre, le curseur bouge, en faisant parfois perdre le nord à la mienne, incorporant le pronom « iel » dans le dictionnaire et bousculant le genre humain. De féministes, les voici écoféministes, intégrant la dimension écologique de notre planète Terre au service de Gaïa. Car nous empruntons tous cette terre, les unes après les autres, à nos futures « filles ».

Je suis fière d'elle, #MeToo, au singulier comme au pluri.elles, pour avoir accepté de relever les nombreux défis, y compris celui d'ouvrir ce recueil, sans se défiler. Va, vis, et deviens !

Sœurcière d'aujourd'hui

Lucie Honoré

Exploratrice des mondes et des saveurs, curieuse de tout.

Reconvertie étudiante dans la communication pour mieux comprendre les gens et découvrir d'autres moyens de créer et de nous lier. Et toujours ravie de pâtisser pour combler les papilles et les cœurs en offrant du goût et du bonheur.

Du plus loin que je me souvienne, j'ai passé ma vie à revendiquer. Mes droits – d'écrire, de parler, de hurler, de pleurer, de ne pas parler, de murmurer, de rire aux éclats et de rire de tout, même si je ne le fais pas avec tout le monde... de dire oui, de dire non, d'avoir des jours avec et des jours sans – et les droits des autres (les mêmes que les miens évidemment), des appartenances à des groupes, à des tendances, à des différences qui me reliaient aux autres... J'ai littéralement passé vingt années à demander pourquoi et à en vouloir plus, et ne jamais m'en cacher.

Ça m'a donc fait tout bizarre lorsque l'on m'a donné un espace, un *safe place* rien qu'à moi en me disant : « Tiens, vas-y, EXPRIME », et que je n'ai pas su quoi dire, quoi « EXPRIMER ». Exprimer quoi ? M'exprimer moi ? M'exprimer aux noms d'autres ? Au nom de qui ? Mais qui suis-je pour parler au nom de quelqu'un d'autre, moi qui ai toujours tenu à dire moi-même ce qui me tenait à cœur sans intermédiaire ? En quoi suis-je légitime ?

Bref, cette proposition d'exprimer, peu importe quoi, a soulevé beaucoup de questions, que je ne pense pas être la seule à me poser. Quelle place ai-je dans la société actuelle, dans ses débats et ses questionnements ? Je sais que j'ai peur, mais de quoi ? Peur de ne pas être écoutée ? Peur de ne pas être crue ? Peur de me faire traiter d'hystérique ou de m'entendre répondre que j'exagère ? Oui, « j'appartiens » à une génération qui se pose beaucoup de questions… et à qui pas grand monde ne trouve de réponses. Facile de comprendre pourquoi on met autant de coups de pied partout autour de nous en ce moment, pourquoi on remue, pourquoi on bouscule, pourquoi on dynamite. Les préjugés, les injonctions, les « bah c'est comme ça », les « tu dois/tu ne dois pas », les « je ne peux rien pour vous, madame » (médecins désintéressés par la douleur ou les bouleversements subis par les femmes, policiers refusant d'écouter ou de prendre une plainte… on vous voit, et pour vous, « Time's Up ! »). Facile de comprendre pourquoi on gueule un peu – beaucoup – non ? Facile ? Non.

C'est effectivement extrêmement difficile d'être écoutées, d'être crues, d'être reconnues dans nos histoires, dans nos actes, dans ce qui nous arrive et dans nous-mêmes. Et c'est si facile de dire aux femmes de parler, que tout est la faute de leur silence… quand on ne les écoute pas. C'est si facile de rejeter une « faute » sur la victime quand on n'a tout simplement pas envie de blâmer le vrai coupable. Pourquoi pas ? Ben, parce que c'est si simple de suivre une marche déjà empruntée depuis des millénaires : la femme est blessée, c'est sa faute, la femme n'est pas d'accord, elle a tort, la femme est propriété des hommes mais les actes des autres sur son propre Corps lui sont imputables et elle paye le prix fort de cette injuste responsabilité à sens unique.

La culpabilisation, coup de pied. L'inversion des rôles, on remue – et on les remet à leur juste place. L'infantilisation, on bouscule. L'impuissance, on dynamite.

Oui c'est vrai, le champ sémantique utilisé sur ces quelques lignes est légèrement violent… Guerrier. Mais la femme contemporaine est une guerrière, qui se bat pour que son Corps ne soit plus un champ de bataille. En 2018, chez nous en France, en plein déferlement de la vague #MeToo, 86 % des femmes étaient victimes d'au moins une « forme d'atteinte ou d'agression sexuelle dans la rue ». À l'heure où on libère les paroles, les Corps sont toujours convoités, sexualisés, attaqués, molestés, détruits. Et un simple aller-retour à la boulangerie n'a pas le même impact, pas les mêmes règles selon votre genre. L'égalité n'est nulle part, et surtout pas dans la rue, surtout pas dans l'espace public.

La femme contemporaine cherche sa place et se bat pour la trouver partout où des hommes sont déjà. Depuis vingt ans, je cherche ma place. J'ai compris que mes talents ne sont pas des tares parce que je suis femme. J'ai pigé ce qu'était le double standard et je l'ai intégré : ce qui est louable et vraiment trop cool chez un homme est une ignominie et une honte chez une femme.

D'ailleurs, j'ai beaucoup réfléchi à ma vie en homme. J'aurais peut-être eu plus de chances avec cette fille que j'ai aimée d'amour dans ma toute jeunesse… ou peut-être pas ! J'aurais certainement eu moins peur en rentrant seule tard le soir. J'aurais économisé le prix d'un spray au poivre.

Mais je suis femme, et donc on a souvent eu tendance à me dire que je devais être comme ci, faire comme ça. Peu de gens m'ont expliqué que certaines choses étaient OK, et d'autres pas, et surtout que j'avais le choix. Et parfois, j'ai eu du mal à faire la différence entre ce que je pensais être «juste pas très cool», et ce qui est totalement anormal. Et j'ai culpabilisé, je me suis perdue. Je crois la personne qui me dira que j'en fais trop, que je sur-réagis, mais je ne croirai pas mon propre Corps quand il sera blessé et je préférerai le dissocier de moi-même, ne plus en être responsable, pour le laisser souffrir seul, et surtout ne pas souffrir avec lui. Et mon esprit… je me débrouillerai avec.

Et je me débrouillerai bien.

On se débrouillera toutes au mieux.

La toute jeune femme que je suis embrasse ses talents et les jette dans le monde avec une puissance et une énergie que je ne penserais jamais voir fléchir. J'écris, je chante, je danse, je pâtisse… et je grandis. Je suis à l'école. On me félicite, mais pas trop, il ne faudrait pas que je prenne trop confiance en moi. On me confie des tâches : assister mes camarades. Mes camarades hommes. J'ai des idées, on me répond que c'est cool, mais que je verrai plus tard pour les mettre en pratique. Pour l'instant, je dois apprendre, apprendre des hommes, suivre les règles, suivre les règles des hommes.

Alors je m'efforce d'être «patiente» et de suivre ces diktats, ces injonctions, ces «lois» pour réussir et me donner toutes les chances que personne d'autre ne me donnera. Je travaille deux fois plus que mes camarades hommes, même si ce n'est jamais suffisant. Pendant trois ans, certains dans mon école me répètent que le métier n'est pas fait pour les femmes, quand les autres me demandent si je peux leur remontrer telle ou telle technique vue en cours, si je peux les aider, et certains professeurs me disent que je dois effectivement en faire plus que les autres, mais qu'au premier jour je brillais déjà le plus fort. Je prends les compliments et me dis que je m'en tire bien, que j'ai de la chance.

Pendant mes examens pratiques, je sens le poids des regards désapprobateurs, des jugements, des inégalités au sein même de mon épreuve de CAP, autant que la douleur de mes talons de – surtout – pas moins de huit centimètres imposés – POURQUOI?! – aux jeunes candidates. Je galère clairement avec mes escarpins mais crois pulvériser les scores : bon, en fait pas vraiment, il manquera toujours un petit point sans pouvoir savoir pourquoi, et je n'aurai jamais la meilleure note malgré mes meilleures réponses – en toute objectivité. Au contraire, mes copies anonymes sont encensées, congratulées, citées en exemple… et elles me font franchir les étapes. Je suis diplômée !

Premier entretien d'embauche à la sortie de l'école. Après quelques interrogations sur mes études – on me demande toujours de justifier les choix que je fais – et un test de personnalité douteux afin de déterminer à quel degré je me plierai aux règles et suivrai la « bonne marche » de l'entreprise, *la* question : « Vous êtes en couple ? » – Heu… non… – Ah, donc vous n'envisagez pas d'avoir des enfants dans les cinq prochaines années ! – Heu… j'en sais rien… – Mais vous n'avez pas de copain… – Heu… donc, j'imagine que non, alors… – Parfait ! » Parfait pour qui ? Pour moi, qui suis aussi surprise que choquée par la question ? Quelle était la bonne réponse ?

Bon, je veux briller et serrer mes rêves dans mes bras, j'en ai assez de les caresser du bout des doigts derrière les « t'es sûre ? », « c'est dur, surtout pour une fille ! », « et ta famille alors ? » et autres petites réflexions pleines de défiance... Je prends le contrat et mon courage, et signe, et je suis tellement fière !

Malheureusement, je me rappelle vite mes cours de latin et de l'étymologie du mot « travail », *labor, laboris*, masculin : effort, fatigue, douleur, souffrance... Je souffre les insultes gratuites, les renvois incessants à ma féminité pour justifier mes erreurs (humaines, et normales en commençant un nouveau métier), les gestes déplacés et odieux... La seule réponse à mes contestations : « T'es une fille dans un monde d'hommes, tu t'attendais à quoi ? »

Alors c'est ainsi qu'est le monde ? Les droits ne vont que dans un seul sens, les devoirs ne vont que dans l'autre ? Et puis, c'est MA faute, c'est moi qui ai osé vouloir y avoir ma place. Ben, la voilà.

Après plusieurs sommations, je démissionne et m'autorémissionne.

Il me faudra encore des mois et des mois avant de réaliser que je passe avant et de reprendre des études comme on reprend le volant de sa vie.

J'ai mûri et ça me fait rire de voir des jeunes hommes de vingt ans m'expliquer comment faire une mayonnaise. J'aurais vingt-cinq ans et cinq ans de cuisine professionnelle à mon actif, ou rien de tout ça, ce serait pareil. Peu importe, mes objectifs sont là, je les connais et les salue chaque matin avant de partir de chez moi et de sortir affronter le monde.

Petit à petit, cet affrontement avec le monde devient moins violent, moins douloureux. Au contact des bonnes personnes, hommes et femmes se poussent mutuellement vers le meilleur d'eux-mêmes. Je suis surprise – et incroyablement heureuse – d'entendre des hommes de mon âge poser des questions. « Comment on peut aider ? », « Qu'est-ce que vous voudriez qu'on fasse ? », « Et pourquoi pas ça, ce serait chouette, non ? »… Et j'entends des enfants se demander la permission avant de se prendre par la main. Et là, j'en pleure de joie et d'espoir.

La femme contemporaine a souffert et souffre de moins en moins au fur et à mesure que les petites filles et petits garçons contemporains deviennent jeunes adolescentes et jeunes adolescents. Je me demande si le slogan « Protéger vos filles → Éduquez vos fils » portera ses fruits et je m'inquiète en énumérant tout ce qui pourrait venir le réduire en poussière.

À propos d'enfants, c'est encore un sujet qui me fait bien paniquer, tiens ! Si jamais un jour j'en veux, je les caserai où ? Et quand ? Et si j'en veux, est-ce que ce sera trop tard ? Est-ce que ce sera source de souffrances, encore ? Comment les protéger, filles comme garçons ? Comment les éduquer ? Mais oui, mais mon travail, alors ? Parce que si je lâche mon poste maintenant pour un congé maternité, je vais me faire dépasser par mes collègues hommes, des collègues plus jeunes… et si j'attends pour grimper professionnellement… mes ovaires n'attendent pas… et… et…

Bref, la femme contemporaine que je suis continue de se poser plein de questions. Et j'ai souvent l'impression que je ne m'en poserais pas autant si j'étais un homme. J'ai seulement bon espoir que celles qui s'incarnent et se réincarnent maintenant souffriront moins de ces questions.

La femme contemporaine utilise effectivement des termes comme «s'incarner», ou encore «équinoxes», «sabbats»... et «écoféminisme». Femme contemporaine adolescente, je me voulais Simone Veil et rêvais à un féminisme bruyant. Femme contemporaine jeune adulte, je rêve d'un féminisme inclusif, pour toutes celles et ceux qui souhaiteraient le porter. Un féminisme qui rassemble les cœurs et les esprits et non les genres. J'essaye de m'éloigner de celles qui font le plus de bruit, qui ne parlent pas mais hurlent. J'admire les colleuses et colleurs d'affiches, mais fuis les femmes qui prônent une supériorité de la femme sur l'homme. Je pense honnêtement que leurs actes et leurs cris desservent «la cause». Bien sûr, je ne prétends plus avoir réponse à tout et des solutions à chaque problème, mais je tiens à ce que tout le monde puisse s'y retrouver. Je veux inclure, et pas exclure. Je veux des assemblées mixtes, des paroles et des avis variés qui font collectivement avancer, et individuellement grandir.

Alors je parle de plus en plus à ceux que j'aime. Puis à d'autres, et à d'autres... Je suis passée du besoin d'évangéliser le monde à la «cause des femmes» à l'envie d'apporter «ma part» de colibri pour une société meilleure, pour chacune et chacun, femme comme homme comme orang-outan comme libellule comme coquelicot... Et plus personnellement, j'écoute, et j'ai entendu puis compris l'appel de la nature. De la nature, et plus récemment de ma nature. J'ai accueilli à bras et troisième œil ouverts des rites totalement inconnus. C'est une sorcière, la femme contemporaine. Aux nombreux, et nombreux, et nombreux superpouvoirs. Une sourcière qui apprend, qui s'instruit pour mieux se comprendre et comprendre ce qui l'entoure. Pour mieux se soigner, pour mieux se guérir ? Pour trouver des réponses ? Des réponses à quoi ? Pourquoi ? Non. Comment. La sœurcière d'aujourd'hui ne s'intéresse plus tant que ça à pourquoi, elle veut savoir comment. Comment alléger son sort ? Comment alléger celui de ses sœurs ? Comment se protéger sans s'auto-enfermer ? Comment trouver sa place ? C'est une sorcière qui s'interroge sur comment mieux faire, comment choisir ce qui est le mieux pour elle sans paraître renier les combats de ses mères, toutes réincarnations confondues. Une enchanteresse qui voudrait que la sororité ne soit plus entendue comme un nom de secte obscure et bizarre, mais comme l'est la fraternité. Bienveillance, croyances rassurantes, encouragements, pouvoirs, vérités, informations, éducation, déconstruction, déculpabilisation, normalisation… BIENVEILLANCE. Bienveillance envers ses pensées, envers ses réactions, envers ses émotions, envers ELLE, envers son CORPS.

Après des années à le dénigrer pour m'intégrer, j'ai choisi mon Corps.

Et d'ailleurs j'en ris un peu parce que je sais que j'ai recommencé à m'aimer quand je me suis vue dans les yeux d'un autre. D'un homme. D'un homme qui m'a regardée avec son cœur et avec Amour. Depuis, j'ai choisi de m'ouvrir, encore et encore, de prendre tout ce qui pouvait me faire du bien, de saisir toutes les mains tendues. J'ai choisi de m'aimer, moi aussi, et décidé que mon Corps devait revenir à sa place, en avant. Je veux aider et m'aider. Avancer et offrir.

Je me relie à l'aide de rencontres, de voyages – réels et d'esprit(s) – et de *Mitakuye Oyasin*, je trouve des allié.e.s et des enseignantes un peu partout. Les femmes, de tous les temps, ont parlé; la femme contemporaine parle et exige en plus d'être entendue. Je parle et j'exige d'être entendue. J'embrasse mon – mes! – pouvoir(s) et accorde plus d'importance à transmettre mes idées et mes accomplissements aux autres, pour leurs propres accomplissements, qu'à les brandir sur des pancartes. Même si, bien sûr, je sais qu'il ne m'en faudra que très peu pour poser ma cape de sorcière un moment et remettre mes bottines de manifestante, reprendre mon bouclier de guerrière, ma plume de combattante.

La femme contemporaine est aussi multiple qu'unique. Elle est une âme au sein d'un Tout qui la dépasse, et qu'elle cherche de plus en plus à comprendre. Elle a mille visages, mille voix, mille histoires, mille vies. Elle a mille noms, mille Corps.

Je suis une âme au sein de ce Tout.

Corps de chair

Il arrive parfois à l'adolescence que le corps fonde ou s'épaississe. Toute nourriture devient problème et la vie un éternel régime. Le regard des autres sur nos corps différents est implacable et sidérant. Le nôtre, sur nous-même, ne l'est pas moins.

Emmanuelle a porté un temps ce corps-là, cherchant dans les aliments une meilleure compréhension d'elle-même, ce qu'elle a fini par trouver au pied de l'Himalaya, dans la médecine ayurvédique, médecine traditionnelle indienne qui embrasse la personne de manière intégrative.

Enceinte, Emmanuelle a porté son enfant, en plus de son corps de femme en transformation, c'est véritablement une transmutation (c'est-à-dire la transformation totale d'une chose en une autre) qui s'opère. Avant et après l'accouchement, plusieurs corps de femme se superposent, dans un émerveillement pour le mystère de la vie qui n'évite pas les doutes et les questionnements. Comme si ce corps à naître n'avait qu'à Être.

Corps de vie

Emmanuelle Soni-Dessaigne

Après une carrière à l'étranger comme ingénieure en intelligence artificielle et un parcours d'errance dans le vaste monde du soin, Emmanuelle découvre en Inde la médecine traditionnelle. Auprès de son époux, le Dr. Manan Soni, elle co-dirige aujourd'hui un centre de soins et se consacre à L'Amour Médecin, collectif qu'elle a fondé pour un autre regard sur la maladie, la santé, la vie. (www.lamourmedecin.org).

Auteure de *L'Amour médecin*, *De lumière et de chair*[1]

Je marche et je porte un secret.

Je marche seule et nous sommes deux.

J'observe les oiseaux et leurs grandes discussions qui m'échappent. Le vent frais fait danser les feuilles et les nids reviennent dans les arbres. Le linge sèche au vent. Le vert tout neuf de l'herbe saute aux yeux.

1. Les références de publication, éditeurs et dates, se trouvent dans les pages « Des mêmes auteurs » en fin de volume.

La vie palpite. Le printemps est une nature enceinte et toute la terre est un rêve de fleurs.

Toi aussi, tu es mon rêve.

Tu n'es visible de personne mais tu prends toute la place dans mon imaginaire. J'essaie de sentir le parfum de ton âme. Flammarion écrivait que celle-ci, passant d'un corps à un autre, poursuit de « transmigration en transmigration, le cours palingénésique de sa destinée éternelle. Naître, ce n'est donc pas commencer, c'est changer de figure ». Et quelle figure es-tu venu incarner ? Parfois, des inquiétudes m'assaillent. Faire venir un Être sur cette sphère vaillante et abîmée, est-ce une sottise, une folie, ou même est-ce de l'orgueil ?

Un jour peut-être me demanderas-tu comment la violence a commencé en ce monde, et je te dirai qu'il a suffi qu'un homme ferme les yeux sur ce qu'il savait injuste. Qu'il a suffi qu'un homme trahisse sa propre parole. Qu'il a suffi qu'il oublie tout ce qui faisait de lui un Homme.

Mais si tu me demandes comment la paix reviendra en ce monde, je te dirai qu'il suffira qu'un homme ouvre sa main pour nourrir un oiseau. Pour relever un autre homme. Pour bâtir avec lui.

J'aimerais que tu sois de ces hommes-là, car le monde entier reste à féconder d'amour et d'espoir.

Mais pour un petit moment encore je te garde en moi, au chaud de ton mystère, tel « un soleil enveloppé au beau milieu d'une ombre[1] ».

Corps berceau.

1. Djalâl-od-Dîn Rûmî, *Les quatrains de Rûmi*, calligr. de Hassan Massoudy, trad. du persan par Éva de Vitray-Meyerovitch et Djamchid Mortazavi, Paris, Albin Michel, 2000.

Au détour d'un vent d'automne, quelque chose fait frémir l'air. Un murmure peut-être ?

Ce soir, mon fils, tu vas venir au monde.

Dans la chambre de la maternité, la main sur mon ventre encore rebondi, je sens combien mon corps a irrémédiablement été changé par toi, ou plutôt, combien tu as changé la relation que nous entretenions.

Après avoir longtemps cherché à le modeler, le soumettre, le conquérir, voilà que tu me mets à genoux devant lui. Non par soumission, mais par révérence envers sa capacité à créer la vie.

Seule la femme peut créer la vie.

Dieu peut la reprendre quand et comme il veut, mais pour la donner, il a besoin de la femme.

Elle seule est le nécessaire intermédiaire, le passeur, le portail, capable de transiter des esprits dans des corps.

Dans presque toutes les cultures et mythologies du monde, c'est le principe féminin qui crée la manifestation, sous le nom de *Shakti* ou *Prakriti* en Inde. Alors que jusqu'à récemment on nous enseignait que le plus « fort » des spermatozoïdes « gagnait » la course à l'ovule – en cohérence avec l'idolâtrie des valeurs guerrières et compétitrices chères à la masculinité –, il est aujourd'hui avéré que c'est plutôt l'ovule qui, par un jeu de chimies, choisit celui qui répond à ses critères. Pour aller plus loin, Alexandra Célérault[1] va jusqu'à suggérer que, une fois la graine choisie, la femme a toute possibilité de la transformer à sa convenance.

---

1. Auteure et formatrice, https://alexandracelerault.com/

Je veux bien le croire.

Après tout, que savons-nous réellement de ces neuf mois d'alchimie où deux corps cohabitent en un seul, s'influencent, s'apprivoisent, se heurtent ou coopèrent ?

Jour après jour, je t'ai senti grandir et, ce soir, c'est moi qui me sens naître. L'aventure de la grossesse prend fin et ô combien ce mot ne rend pas justice à la traversée.

En médecine chinoise, les cycles de la vie d'une femme sont décrits de manière bien plus poétique. Elle est invitée à honorer ces passages et à les intégrer dans sa destinée personnelle. Ainsi, la grossesse est le « Mûrissement du fruit », la ménopause est un « Second printemps » et les menstruations se nomment « Eau céleste ». Du fond des âges, femme et eau sont intimement liées. Le mot hébreu pour « eaux » ou « source de vie » est *Ma-im*, dont la signification dépend entièrement de la lettre hébraïque M, que l'on retrouve dans les langues du monde entier, de celle des anciens Quiché d'Amérique du Sud à l'Inde.

Un M comme Maman, nom qui sera désormais le mien, sans que je veuille m'y enfermer.

Comme une promesse à la femme que je fus, à celle que je deviens, et à chacune d'entre nous qui n'avons pas fini de naître, ces quelques mots : quel que soit le chemin que vous empruntez, ne vous contentez pas d'être une femme. Soyez une force. Soyez une idée, un emblème. Soyez un cœur ouvert aux quatre vents. Soyez une vérité. Soyez votre propre définition de la beauté. Soyez une contrée tout entière. N'ayez pas la politesse de vous contenter de peu – de vide, ou de silence. Soyez l'audace d'une ambition. Soyez tout cela au nom de nous toutes.

Parce qu'il y aura toujours sur vos lèvres une histoire interdite que personne n'entendra, il y aura toujours dans votre ventre un espoir avorté et une pureté cachée dans la paume de votre main – et cela pourrait retenir le souffle du monde. Femme, vous êtes source, ne retenez pas vos torrents.

Je vous ressens ce soir dans la douleur, dans la puissance.

Corps de vie.

Les mots manquent. Ils manqueront toujours pour décrire la lumière.

Celle qui vient de t'aveugler et celle qui vient de percer ma poitrine.

Désormais tu es là, fragile poupée déposée sur mon cœur, et tout est bouleversé.

Une myriade de choses se succèdent : de nouvelles sensations émergent, les seins se durcissent, le ventre est empli de rien, le sang s'écoule abondamment, l'intimité crie dans sa douleur, le corps change d'heure en heure, de jour en jour.

Si être enceinte m'avait fait faire l'expérience de la plénitude (avec son lot d'inconvénients – lourdeur, fatigue, etc.), accoucher me fait faire l'expérience du vide.

Je ne dors plus, je suis épuisée. Ce corps qui, lors de la grossesse, était une merveille choyée au quotidien, ne devient plus qu'une mécanique négligée et en souffrance.

Corps désaccordé.

Petit à petit mes cheveux tombent et s'affinent, d'autant que je dois constamment les attacher pour éviter qu'ils ne se prennent dans tes doigts. Mes seins sont pincés, égratignés par tes petits ongles.

Je rêve de calme, de douceur, d'espace pour reprendre ma respiration – mais d'une certaine manière, je n'existe plus.

Ton bien-être est mon centre de gravité et autour de lui des dizaines de questions comme autant de galaxies font leur rotation incessante : Respires-tu ? As-tu faim ? Soif ? Es-tu confortable ? En sécurité ? Que signifient tes pleurs incontrôlables (et que ne donnerais-je pour les apaiser) ?

Un matin, ces questions se font angoisses au passage de la sage-femme. Son verdict est sans appel : tu n'as pas pris assez de poids, il faut revoir l'allaitement. À regret, je constate que dans ce lien charnel et amoureux de deux corps qui s'apprivoisent vient s'immiscer – encore – la doxa médicale avec ses métriques et standards.

Même si au plus profond de moi je sais pertinemment que tout ira bien et que son jugement est hâtif, je ne peux m'empêcher de m'effondrer et me remettre en cause. Je commence à douter et oublie qu'il est en mon corps une connaissance intuitive, inexplicable, qui probablement ne m'appartient pas et m'est transmise par le vivant lui-même.

Au fil de recherches, je constate que nous ignorons encore tant de choses sur l'allaitement, dans son fonctionnement comme ses bienfaits pour nous deux. Outre d'aider à la contraction de l'utérus et réduire ainsi les saignements post-partum, le lait maternel, dont la composition change d'heure en heure, t'aide à créer ton cycle circadien[1] *via* la transmission de certains acides aminés, de mélatonine, d'oligo-éléments et même de nucléotides, éléments constitutifs de nombreux processus biologiques importants. D'autre part, il soutient la croissance et l'immunité : pendant que tu prends le sein, des récepteurs sur ma peau reçoivent les informations que ta salive envoie et détectent la présence d'agents pathogènes pour, au besoin, produire des anticorps sur-mesure qui te seront ensuite transmis aux prochaines tétées.

En réalité, c'est plus que de lait dont il s'agit : c'est de lien. Il est des femmes dont le corps s'est mis à produire du lait après avoir adopté ou recueilli un enfant, sans qu'elles n'aient été enceintes elles-mêmes.

Mes seins comme mon corps tout entier ne sont pas que chair mais véritable nourriture – c'est-à-dire chaleur, amour, réconfort.

Corps cocon.

Car il y a, au-delà de la misère du service, la splendeur du mystère.

Après des mois de nuits constamment interrompues ne comprenant que quelques heures de sommeil, je

1. Cycle veille/sommeil.

survis; parce que autre chose me porte et me tient éveillée : l'Amour.

Si ce n'est par le lien de l'amour, je ne peux expliquer pourquoi mon lait coule lorsque j'entends tes pleurs, ni pourquoi tes larmes cessent dès que je te prends dans les bras. Si nous ne sommes plus reliés par le corps, nous sommes pour toujours reliés dans l'invisible. Toutes mes cellules sont tant imprégnées de toi que je me réveille au milieu de la nuit juste avant que tu ne pleures et que je sais viscéralement si tu vas bien ou non, où que tu sois.

Corps antenne.

En me mettant à ta hauteur, je prends conscience de la déchirure que ce doit être d'avoir quitté un cocon chaud et douillet qui ne connaît ni le froid, ni la faim, ni rien des rudesses de l'existence. Qu'il est dur, pour toi comme pour moi, de naître ! Mon amie Sylvie Ouellet utilise ces mots pour le décrire : « Naître à la terre, c'est mourir au ciel, et naître au ciel c'est mourir à la terre. »

La grande tâche qui m'est confiée est d'amortir ton atterrissage.

Dans cette perspective, ma fatigue, mon impatience, ma colère s'attendrissent, s'émerveillent et m'apprennent à aimer davantage. À m'aimer davantage.

Car une mère est plus qu'une mère : son corps est le pain quotidien, la maison, le refuge, l'écosystème d'un Être.

Corps coquille.

C'est aussi la main invisible qui range ce que l'on ne remarque pas, qui caresse et rassure, qui berce au sommeil patiemment, c'est l'œil qui veille, le dos qui porte, l'oreille qui guette.

En regardant ta grand-mère t'aimer comme elle m'a aimée, il me semble la voir pour la première fois.

Et j'ai envie de lui demander pardon. Alfred de Vigny disait qu'après avoir étudié la condition des femmes dans tous les temps et dans tous les pays, il était arrivé à la conclusion qu'au lieu de leur dire bonjour, on devrait leur demander pardon.

Pardon de n'avoir pas entendu les silences, de ne pas t'avoir embrassée dans le quotidien, pardon de n'avoir pas vu en toi l'infini mystère de la création.

Souvenons-nous que pour naître, si j'en fais le décompte comme Honorine Ortiz, il nous a fallu 2 parents, 4 grands-parents, 8 arrière-grands-parents… et si je remonte jusqu'à 11 générations j'obtiens 4094 ancêtres, tous nés environ trois cents ans avant nous. À combien de vicissitudes ont-ils survécu? Combien de fois ont-ils eu faim? Combien de disputes ont-ils eues? Et surtout, combien d'amour, de force, de joie et d'encouragement nous ont-ils laissé? Quelle part de leur pouvoir de survie chacun d'eux a-t-il laissée en nous pour que nous puissions vivre aujourd'hui? Nous n'existons que grâce à tout ce que chacun d'entre eux a traversé.

Mieux que ça : « Tous les ovules qu'une femme portera se forment dans ses ovaires alors qu'elle est un fœtus de quatre mois dans le ventre de sa mère. Cela signifie que notre vie cellulaire en tant qu'œuf commence dans le ventre de notre grand-mère. Chacune de nous a passé cinq mois dans le ventre de sa grand-mère, qui se forma, elle, dans le ventre de sa propre grand-mère. Nous vibrons au rythme du sang de notre mère avant sa naissance, et ce pouls est le fil du sang qui coule des grands-mères jusqu'à la première mère[1]. »

À toi, mon fils, et à toutes les femmes qui m'ont précédée et me succéderont je dédie ce conte :

Un petit garçon demande à sa mère : « Pourquoi pleures-tu ? – Parce que je suis une femme, lui répond-elle. – Je ne comprends pas » dit-il. Sa mère l'étreint et lui dit : « Et jamais tu ne le pourras. » Plus tard, le petit garçon demande à son père : « Pourquoi maman pleure-t-elle sans raison ? – Toutes les femmes pleurent sans raison », fut tout ce que son père put lui dire. Le petit garçon grandit et devient un homme, toujours se demandant pourquoi les femmes pleurent aussi facilement. Finalement il demande à Dieu qui répond : « Elle a des épaules assez solides pour porter le poids du monde et assez douces pour être confortables. Je lui ai donné la force de donner la vie et d'endurer le rejet qui vient souvent des enfants. Je lui en ai donné assez pour lui permettre de continuer quand tout le monde abandonne et prendre soin de sa famille en dépit de la maladie et de la fatigue. Et finalement je lui ai donné une larme à verser, quand tout est trop. »

Oui, la splendeur de Dieu vit discrètement en ce monde.

---

1. Layne Redmond (écrivaine, historienne et mythologue), *La Femme tambour*, Leduc, 2019.

Elle n'est qu'en deux endroits : dans la rosée au point du jour, et dans les larmes d'une mère.

Son corps tout entier est l'expression charnelle d'un amour qui demeurera insondable parce que venu du fond des temps et étant la Vie même – cette force intime de toute chose qui veille sur nous nuit et jour.

Cette force, qui précède aux mouvements des corps célestes, est la même que celle qui soulève tes poumons pour respirer, qui ordonne les battements de ton cœur ou impulse l'étincelle dans chacune de tes cellules.

Ce n'est pas moi qui dis à mon cœur : « Bats ! » ou à mon sang : « Circule ! » La Vie œuvre, dans l'infinie puissance de son amour.

Même lorsque mon corps sera rendu à la Terre, la Vie sera encore là, dans son fourmillement perpétuel.

Tu auras peut-être tes propres enfants.

Ne doute pas que je serai là aussi : dans le vent, dans la terre, dans l'océan.

Le corps du monde sera mon corps.

Un *corps de métamorphoses*, un *corps d'extraordinaire*, un *corps de miracles*.

Corps maïeutique

Socrate a pris à sa mère, sage-femme (une des rares professions autorisées pour les Grecques de l'Antiquité), le mot de maïeutique. Maïeuticienne, prêtresse, druidesse, leveuse, ventrière, matrone, accoucheuse, autant de rôles pour la même fonction : l'art d'accoucher les femmes.

La fécondité, la contraception appartiennent aussi au savoir de la sage-femme, et décider soi-même de donner ou non la vie n'a pas toujours été bien vu. Au Moyen Âge, parce qu'elles avaient la connaissance des corps et la science de quelques plantes anticonception, les sages-femmes commencèrent à être regardées d'un mauvais œil. Et jugées, de matrones à sorcières, il n'y eut souvent qu'un pas, celui qui prit la direction du bûcher. La profession de sage-femme perdure en France alors que dans d'autres pays développés il n'en existe même pas.

Dans l'œil de Maï, il y a beaucoup de tendresse pour la femme, enceinte ou pas, et on y voit aussi, par une autre lunette, celle de la sage-femme et aussi de la sociologue anthropologue, qui épingle tout ce que nous ne voyons pas, par-delà nos utérus.

Pile et face

Maï Le Dû

Sage-femme, docteure en sociologie. *Toucher pour soigner* est le titre de sa thèse et d'un livre paru en mai 2022. Il est important pour elle de mettre les nourrissons entre de bonnes mains, et ce sont des mains qui touchent. Très investie dans les champs de l'accouchement et de la naissance, cette touche-à-tout a aussi coécrit la pièce *Y a un os* (quand la paléontologie se fait chorégraphie et l'obstétrique politique) et un manuel d'obstétrique physiologique.

Auteure de *Bord de mères*, et *Ma to do list grossesse*

CÔTÉ PILE, LA SAGE-FEMME

Comme un caillou dans la chaussure

Train de banlieue, matin d'automne.

Tout le monde a le nez dans son portable, encore dans les brumes d'une nuit trop courte. Sauf elle.

Elle, elle dort à poings fermés. Sa tête ballotte à chaque soubresaut des rails, et de temps en temps elle la redresse, après un à-coup plus violent, sans jamais ouvrir les yeux.

Elle dort.

Assise en face d'elle, j'observe son visage apaisé, épuisé, les traits tirés par une vieille fatigue figée dans ses quelques rides, dans ses cernes. Elle n'a pas d'âge. Seule la racine blanche de ses cheveux me donne un petit indice sur les années passées. Et sur le temps pour elle qu'elle n'a pas. Qu'elle n'a peut-être jamais eu.

Et sa tête qui balance doucement.

Et cette fatigue qui pèse.

Rêve-t-elle ?

Moi, je pars dans mes songes, j'imagine sa vie, les heures enchaînées dans la blouse bleu délavé qui dépasse du cabas qu'elle serre entre ses bras.

Et je revois ces femmes que j'accompagnais au cours de leur grossesse, de leur accouchement et des temps suivants. Le corps qui change, la tête qui doute, à moins que ce ne soit l'inverse. Des femmes de l'ombre, des femmes « ordinaires », des ouvrières de la filière agroalimentaire travaillant et maternant en 3X8, sans répits. Jamais.

Se lever à 3 heures du matin, préparer le bébé encore endormi, le sac, la couverture, le doudou. Surtout le doudou. Ne pas oublier le doudou. Parce qu'une fois la chaîne démarrée il faut y aller. Ne pas s'arrêter.

Déposer le petit chez la nounou, continuer vers l'usine, mettre la gamelle dans le petit frigo, se changer et entrer dans le grand frigo pour prendre sa place dans la farandole. Oublier son corps. Ne pas penser aux petites douleurs, aux grandes peurs, ne pas écouter le ventre qui pèse ou le vagin qui pleure. Pendant huit heures, surtout ne pas penser au petit qui se terre sous le lourd tablier. Comme un caillou dans la chaussure.

Je suis allée visiter l'usine, à mon installation comme sage-femme dans cette petite ville. Pour voir comment elles vivaient, comprendre les contractions, les fuites urinaires, les jambes lourdes, les seins vides. J'ai mis ma charlotte et mes sur-chaussures, je suis entrée et j'ai vu.

Ou plutôt, j'ai senti. L'odeur âcre des volailles plumées à découper, toutes ces carcasses qui tournent au bout de leur crochet, les attraper, les trancher, les raccrocher, au suivant. Un manège bruyant réfrigéré, des femmes-machines avec des cottes de mailles et des grands couteaux, taillant des escalopes dans un immense frigo. 4 degrés, toute la journée.

Ce jour-là, j'ai compris ce qu'était une héroïne.

J'ai mesuré le supplice de Vanessa et ses nausées de début de grossesse, entrant chaque petit matin dans cette odeur fétide, serrant les dents sans jamais se plaindre. Ça va passer, c'est normal, au début, les nausées.

Elle n'a jamais demandé d'arrêt de travail.

Elle s'est contentée d'aller vomir à chaque pause.

Mais discrètement, pour ne pas déranger.

J'ai compris le petit ventre de Maëva qui se muait en pierre chaque fois que ma main approchait. Il se défendait juste, écrasé huit heures par jour par le lourd tablier de métal. Elle trouvait qu'elle avait de la chance d'avoir un CDI.

Elle pouvait enfin le fabriquer ce bébé, sans s'inquiéter pour son avenir.

J'ai percé le mystère de Fatima et de ses seins taris. On avait pourtant tout essayé, toutes les recettes de toutes les grands-mères, toutes les prières de tous les dieux, pour attirer le précieux liquide.

Vides.

Ils sont restés vides.

Tu m'étonnes.

Le froid, l'effort répétitif, le sommeil qui manque. Le tire-lait dans la cantine à midi.

La blague.

Puis la galère de Myriam m'a terrassée, debout huit heures durant, deux mois et demi après un accouchement difficile, périnée coupé, cousu, esquinté, encore douloureux et un peu relâché. Des protections pour éponger, du coton pour protéger, et cette pesanteur qui ne la lâchait pas. C'est difficile, l'usine, quand on ne dort pas la nuit, quand on a mal la journée, quand il nous semble qu'on est brisées pour de bon et que tout plaisir s'est envolé.

Elle s'est accrochée, elle a travaillé, elle s'est réparée.

Et la vie a repris de plus belle.

Alors, oui, ce jour-là j'ai compris le courage, l'incroyable force de ces femmes, de ces mères, de ces femmes-mères qui avancent dans la nuit, dans le froid de cette société qui les nie, les oublie, les méprise. J'ai eu le privilège immense d'approcher leur corps, d'y poser mes mains. D'y sentir la vie. Elles m'ont offert leurs larmes, leurs doutes, leurs douleurs. Mais surtout elles m'ont offert leurs rires et leurs sourires, leur confiance, j'ai essayé de respecter ce cadeau, de les aider à cheminer vers l'idée qu'elles valaient la peine, qu'elles allaient y arriver. Qu'elles avaient le droit d'exister et de naître – ou renaître – en habitant ce corps nouveau. Si beau.

Gare du Nord.

Elle sursaute, ouvre les yeux.

Elle ouvre son cabas et fouille dedans. Un petit carton tombe, je le ramasse et lui tends. C'est un shampoing colorant.

Elle saisit la boîte, me regarde, la regarde et, dans un sourire complice : « Il est temps, non ? »

CÔTÉ FACE, LA MÈRE

Y croire, tout simplement

J'étais une toute jeune femme, jeune sage-femme, j'avais hérité d'une absolue confiance dans la vie. Un legs inestimable de mes mère et grands-mères qui avaient conçu, enfanté, materné sans qu'aucune ombre s'immisce dans le tableau de la vie. C'est ainsi que j'ai plongé dans l'aventure, insouciante, accueillante.

Le corps très vite s'est manifesté, beaucoup plus que je ne m'y attendais. Jamais je n'avais été si fatiguée, ensommeillée, les paupières lourdes du soir au matin. Au travail, à la maternité, j'allais dormir, de-ci de-là, petites minutes chapardées entre deux femmes à accueillir. Les gardes duraient vingt-quatre heures à l'époque, mais les collègues étaient amies et le temps était plus clément. Moi, j'avais ce luxe : le temps et les amies…

J'ai vomi chaque matin durant toute la grossesse. C'est devenu un rituel. Comme si le corps éprouvait le besoin de me donner ce rendez-vous avec la conscience de ce qui m'arrivait. Peut-être étais-je trop tonique, trop « tout feu tout flammes », trop insouciante pour prendre la mesure de l'enjeu corporel. Fallait-il ce rappel quotidien pour m'imposer la prudence nécessaire ? C'est ainsi que j'ai choisi de l'interpréter, avec le recul. Comme une sagesse du corps.

La suite de ma grossesse s'est poursuivie sans encombre et j'ai découvert l'ambiguïté de cet état gravide. D'un côté, la magie de la sensation de la vie qui naissait dans mon ventre, frémissements de mouvements subtils. Je m'en souviens parfaitement, de ce sentiment d'émerveillement qui m'envahissait quotidiennement.

L'autre versant de moi était moins enthousiaste. Le corps alourdi, les mouvements plus lents, empêchés, les sensations nouvelles parfois subtilement douloureuses. Non, être enceinte n'était définitivement pas mon état favori. Me sentir dépendante de mon corps ne me plaisait pas. Je n'avais pas encore le recul, la « sagesse » pour analyser cette aventure comme l'opportunité d'expérimenter la baisse du potentiel corporel dans l'espace. Alors, juste, cela me frustrait. Il fallait que jeunesse se passe, sans doute.

Pendant ce temps je travaillais, je grossissais, j'accueillais bientôt les femmes et les couples avec un ventre imposant... Nous riions beaucoup, elles s'excusaient d'arriver à 2 heures du matin, de me réveiller. C'était magnifique, cette complicité qui naissait de corps à corps. Plus elles me donnaient leur force, plus ma confiance se renforçait.

De mon côté, j'ai toujours gardé cette confiance, totale, absolue, dans ce corps qui pourtant parfois se jouait de moi et dans ce bébé qui virevoltait. Pas un moment, je crois, je n'ai douté de lui, de moi, de nous. J'allais bien – trop doucement à mon goût, mais bien –, mon petit allait bien, rien ne pouvait rompre le charme. L'évidence de la vie.

Et l'évidence a continué, et l'insouciance a perduré. Au signal de l'« événement », j'ai ri, j'ai mangé, j'ai dansé. Puis mon corps a suivi les sensations dictées, par ce bébé ? par qui ? par quoi ? Mystère...

Mon corps m'a épatée, ce soir-là... Je passais d'une infinie douleur, impossible à imaginer, à un infini bonheur, tout aussi nouveau, inconnu. Et cela toutes les cinq minutes. Une intensité insoupçonnée, une compétence corporelle parfaite. Un concentré de vie, de douleur, de bonheur, entourée de l'attention stupéfaite de l'homme qui m'aimait et de la sage-femme amie, rassurante, discrète, présente, dans cette maternité qui était un peu ma maison.

Puis il y a eu la sortie de l'enfant, cette sensation démesurée du corps qui va exploser, se déchirer, se déstructurer. Brièvement. Fugitivement. Car tout à coup, très vite, sans hésitation, il était là, ce petit tant imaginé. Il était là, la vie commençait, « Notre » vie commençait. C'était immense et incroyable. Cette vie chaude et moite, douce, ces yeux tout neufs qui me cherchaient. Un miracle.

Je repense souvent à cette chance, ce privilège, d'avoir pu vivre cet accouchement, puis un second deux ans plus tard dans une telle sécurité. Oh, je ne parle pas de cette sécurité technique, non, je parle de la sécurité essentielle, émotionnelle, affective, sans laquelle sans doute tout aurait été différent. Un lieu serein, une sage-femme toute tranquille et toute à moi pour le temps qu'il fallait. Un « luxe » qui n'est en fait qu'un besoin de base, vital, primordial, pour que la vie soit.

Simplement.

Corps social

La société française vieillit, et ce n'est pas pour autant qu'elle prend la vieillesse à bras-le-corps. Les femmes âgées sont plus nombreuses que les hommes, qui décèdent plus tôt. La ménopause, comme les règles, reste un sujet tabou. L'invisibilité dans les médias est frappante, car si on a des vieux beaux on a aussi des vieilles chouettes, rangées dans le placard. Ailleurs, dans d'autres cultures, la ménopause est célébrée pour sa sagesse.

Chaque fois que j'ai abordé le sujet avec mes contemporaines, pas forcément ménopausées d'ailleurs, certaines – les moins nombreuses – se sont ouvertes franchement et nous avons eu de profonds échanges. Mais la plupart du temps, j'ai senti de la réticence qui n'avait pas forcément de rapport avec la pudeur. Il est simplement difficile de parler de son corps-en-déclin.

Sophie a fait le choix d'assumer ses cheveux gris, et ce n'est pas qu'une anecdote. Son succès sur les réseaux montre que les femmes entrées en péri-pré-ménopause comptent autant que celles qui traversent leurs syndromes prémenstruels. Qui a peur des vieilles ?

Du rouge sang à l'âge d'argent

Sophie Kune

Conseillère en stratégie digitale spécialisée dans l'univers de la femme, pionnière du community management, fondatrice du compte Instagram @menopause.stories, conversations intimes et débridées qui ont pour vocation de briser les archétypes posés sur cette période charnière de la vie des femmes.

Auteure de *Ménopausée et libre ! Manifeste pour une ménopause réinventée*

Plus jeune, j'avais lu *Les Mots pour le dire* de Marie Cardinal, aussi, lorsque les attentats ont frappé dans mon arrondissement (j'habite en plein cœur du 11e arrondissement à Paris) j'ai d'abord cru que le dérèglement de mes saignements était dû à mon cœur en miettes.

La tuerie de *Charlie Hebdo* suivie du massacre du 13 novembre m'avaient mis dans un tel état, il fallait bien que mon corps évacue l'angoisse, la peur, la mort. Comment cela aurait-il pu en être autrement ?

Ce sont finalement des douleurs effroyables et persistantes au ventre qui m'ont amenée à consulter, et après des errances de diagnostic gynécologique qui m'ont fait faire des montagnes russes émotionnelles (cancer – pas cancer), j'appris que j'étais atteinte d'adénomyose, la cousine de l'endométriose. Elle sévissait à l'intérieur de mon utérus et ne me laissait guère le choix, je devais agir. J'avais 47 ans, je travaillais énormément (n'étant pas salariée, je n'avais pas la possibilité de l'arrêt), je saignais non-stop, aussi, quand le médecin me suggéra une mise en ménopause artificielle pour reprendre mon souffle, je l'acceptai avec soulagement sans vraiment savoir de quoi il retournait.

La ménopause ne m'évoquait rien, ni sons, ni images, encore moins un vocabulaire. Lorsque je reçus le shoot, je pensais donc trouver une paix relative. Il n'en fut rien, le traitement qui n'eut aucun effet sur moi me secoua d'une telle force qu'il me fut impossible de le renouveler. Et c'est ainsi que, du jour au lendemain, de manière extrêmement brutale et sans aucune préparation, mon corps passa dans un nouvel espace-temps. En une poignée de jours voire d'heures, il perdit l'ensemble de ses repères et se mit à ressembler à un arbre sec et dénudé.

À cette époque, je ne savais pas si le corps et l'esprit étaient vraiment liés. Je me rappelle d'ailleurs avoir pensé que, malgré ces turbulences, ma carcasse fourbue de partout ne renvoyait pas le message d'une jeunesse perdue.

Dans ma tête, j'avais toujours 30 ans, même si mon enveloppe charnelle me prouvait le contraire. Un soir pourtant, alors que j'étais installée, rabougrie et frigorifiée dans mon canapé, je compris que j'étais totalement déphasée. Mon esprit semblait s'accrocher dans le présent tandis que mon corps basculait vers un avenir que je n'avais jamais envisagé.

Je plongeais tête baissée vers l'âge mûr, je déprimais, peut-être même étais-je en train de frôler la dépression, l'abîme.

Mon premier réflexe fut alors de chercher du réconfort sur Internet pour y trouver des informations, car finalement la seule histoire que ma mère ne m'avait pas transmise, c'était bien celle de la ménopause. Muette, cette période de vie ne s'était pas incarnée dans ma lignée, ma mère et ma grand-mère ayant toutes les deux subi une hystérectomie, je les ai ainsi toujours connues sans règles, sans histoire de règles ou de flux et de reflux, ou du moins n'en ai-je conservé aucun souvenir.

Une anecdote sur mon enfance : petite, avant l'apparition des règles, je me sentais plutôt fille, même si les gens me collaient des « monsieur » en veux-tu en voilà parce que j'étais grande de taille, souvent vêtue d'un pantalon (vêtement bien plus pratique que la jupe) et que je portais les cheveux courts, ce jusqu'au jour où je fus menstruée. J'étais très jeune, 10 ans et demi, et mes seins et mes formes s'étaient bien développées. Le premier jour du sang, en guise de message de bienvenue, je pris une gifle par mon père comme le veut la tradition chez nous, un peu à la *Diabolo menthe*, et c'est à peu près tout. J'étais devenue femme du jour au lendemain, telle était ma croyance à l'époque. Peut-être cesserais-je d'entendre des « monsieur » en veux-tu en voilà à mon passage ?

Donc je cherche des informations et découvre des sites qui m'indiquent une trentaine de symptômes bien flippants. Or, dans mon imaginaire, symptôme rime avec maladie. Me voici étonnée de découvrir des remèdes pour un état, une étape de transition que je n'imaginais pas un seul instant comme faisant partie du spectre de la pathologie.

À propos des visuels utilisés par ces espaces virtuels : ils mettent en avant des femmes qui me semblent bien plus âgées que moi, du moins par leur apparence sage et rangée.

Elles sont blanches de peau, entourées d'une sorte de halo, vêtues de couleurs pastel; l'invitation au ralentissement qu'elles s'efforcent de représenter résonne telle une alarme stridente et répétitive. Loin de mon univers, ces femmes me harponnent vers le fond telle une sirène sur le déclin. C'est à ce moment précis, je m'en souviens, que je me suis sentie basculer. Ma voix intérieure hurle : « Au secours, sortez-moi de ce cauchemar », mes membres se crispent, je suis foutue. Le temps a passé tellement vite !

Nostalgique, je repense alors aux grandes étapes de ma vie.

Mon adolescence tout d'abord.

Disait-on de cette période, qui s'étale sur plusieurs années au même titre que la ménopause, qu'elle était une maladie ? Non, je ne le crois pas. Pourtant, elle engendre elle aussi des désordres, physiques, émotionnels et psychologiques, c'est un fait indéniable.

Ma grossesse ensuite. Pas tout à fait neuf mois pour s'accoutumer, se transformer, devenir mère, et puis cette mallette avec laquelle j'étais sortie de la maternité, la fameuse valise donnée à l'hôpital, remplie de brochures, de bons conseils, de modèles.

Pour la ménopause, ni box de naissance ni brochures guides. Pas de paroles de mère, pas plus d'écoute de mon gynécologue qui est pourtant vraiment sympathique, mais ne perçoit sans doute pas ma fragmentation intérieure.

Alors, comme tant de femmes avant moi, comme tant de femmes autour de moi, j'arpenterai cette *Terra incognita* seule, emmenant mari et fils dans mon sillage.

Du côté de mon conjoint, il est vrai que je préfère me taire. Je ne trouve pas d'autres mots pour exprimer mon ressenti d'alors. Pas évident pour moi d'aborder cette étape de vie quand le miroir que je lui tends est celui de l'horloge qui tourne, surtout lorsqu'il est, de son côté, terrifié par la mort… Que de deuils en perspective qui s'imposent à nous sans préavis !

Il me semble alors que l'essentiel en ces heures qui tanguent tient en ce secret de femme que j'aurais aimé recevoir en héritage : garder le contact avec son propre corps et celui de son conjoint (ou de sa conjointe), car même si la sexualité est impactée (ce qui n'est pas un passage obligatoire pour tout le monde, je tiens à vous rassurer), le temps d'une autre typologie de relation, une relation de soi à Soi est en marche.

À mon sens, inclure l'autre dans cette nouvelle aventure est capital, où il est question de maux, de mots, où il est affaire, comme disait Bette Davis, d'un « vieillissement qui ne serait pas fait pour les poules mouillées ». Zoom sur le mot (vocable, néologisme) « ménopause », celui qui fait si peur qu'on commence à peine à l'exposer sur les *cover* des magazines type *Marie-Claire*, *Voici*, *Gala* ou *Elle*, comme si cette locution était trop grosse pour être prononcée, genre verrue *horribilis* sur visage qui commence à se faner.

Au gré de mes recherches sur le Net, je matcherai façon Tinder avec Charles de Gardanne, médecin du XIXe de son état, créateur de ce nouveau néologisme en particulier, ménopause, et je m'étonne. Si le mot désignant la fin du sang nous place dès sa prononciation dans un état proche de la rigidification, que penser des mots « temps critique », « époque critique », « âge critique », « âge de retour », « retour d'âge », « déclin de l'âge », « verte vieillesse », « enfer des femmes », « hiver des femmes », « mort du sexe », etc., utilisés à l'époque ?

ZOOM SUR LE MOT MÉNOPAUSE

Dans mon imaginaire, le mot *ménopause* avait toujours existé. Pour certaines de mes amies au contraire, il était relativement récent, une soixantaine d'années tout au plus. Pour en avoir le cœur net, j'entrepris des recherches et c'est grâce à Daniel Delanoë que le mystère fut élucidé.

À lui de nous expliquer, dans son livre *Sexe, croyances et ménopause*[1], que la façon dont les femmes vivent la fin du sang n'intéressa philosophes et médecins qu'à partir du siècle des lumières. Un premier livre rédigé par un médecin français fit parler de lui sans pour autant entrer dans la postérité[2], ce jusqu'au jour où Charles Louis Prosper de Gardanne, docteur en médecine de la faculté de Paris, médecin de charité du 3e arrondissement, membre du Cercle médical, de la Société physico-médicale de Moscou, etc., se prit de passion pour cette thématique.

Quel était le pitch pour notre jeune médecin ?

Au XIXe siècle, la ménopause était mentionnée notamment sous le terme « âge critique », terme émanant d'une notion découlant de la théorie de la division pythagoricienne des âges de la vie selon laquelle notre évolution se calcule de 7 (ans) en 7 (ans), 49 ans représentant alors l'âge critique pour les femmes. Se rendant compte qu'il existait peu de littérature, en tout cas aucun recueil référence sur la thématique, il s'empara de celle-ci pour en faire son sujet de thèse, thèse qu'il transforma ensuite en une monographie de 424 pages consacrées aussi bien à l'anatomie qu'à des conseils pratiques portant, entre autres, sur

1. Daniel Delanöe, *Sexe, croyances et ménopause*, Hachette Littérature, 2006.

2. Jean-Baptiste Jeannet des Longrois (docteur en médecine, docteur-régent de la faculté de médecine de Paris, professeur de chirurgie), *Conseils aux femmes de quarante ans*, 1787, Source BNF.

l'alimentation, le sommeil ou la nymphomanie qu'il appelait élégamment la « fureur utérine », quelle belle image !

Rédiger un traité ne lui faisait pas peur.

En revanche, trouver le nom de scène de sa protagoniste, ça, c'était déjà plus compliqué !

Aussi, en 1812, après une réunion de travail à la fac de médecine avec ses copains, il eut un éclair de génie.

Ménespausie, ainsi s'appellerait la fin du sang !

Cette idée lui était venue aussi simplement que l'envie de se servir une bonne tasse de café (OK, j'extrapole un peu !).

Ménespausie du grec *ménos* (mois, menstrues donc) et *pausis* (pause) mettait ainsi un cadre savant à ce que les médecins appelaient singulièrement « cessation des menstrues », « hiver des femmes », « vieillesse ennemie ».

Pour justifier l'invention de ce mot bizarre, Charles le créateur s'était appuyé sur la confusion régnant dans le vocabulaire de ses futurs confrères – et de leurs patientes. « Ce qui m'a engagé à donner un mot tiré du grec et de le conserver dans le cours de cet ouvrage, c'est le désir de fixer par une seule dénomination plus analogue au génie de l'art, un grand nombre de termes la plupart insignifiants. Que veulent dire en effet ces mots : temps critique, époque critique, âge critique, âge de retour, retour d'âge, déclin de l'âge, verte vieillesse, enfer des femmes, hiver des femmes, mort du sexe, etc. ? Ne se perd-on pas dans ce dédale de noms ? »

Certes Charles, c'est confusant, on est bien d'accord. Si j'avais vécu à votre époque, j'aurais été totalement perdue et surtout totalement flippée !

Revenons à nos moutons : sur le chemin qui le ramenait à son domicile, Charles se mit à pousser la chansonnette façon *Dragostea din tei* du groupe 0-Zone (mon créateur était définitivement un homme d'avant-garde) :

Menespausie-hii
Menespausie-huu
Menespausie-hoo
Menespausie-haa…

Il chanta plusieurs fois, soir et matin, et réfléchit. La mélodie ne résonnait pas comme il l'aurait aimé. Dissonante et trop savante. Il tenta alors plusieurs combinaisons, adoucit le son et baptisa son nouveau territoire « ménopause ». Nous étions alors en 1821, le concept était lancé[1].

Pensant aux recherches sémantiques de notre Charles Louis Prosper Youpla Boum, je fais instinctivement le lien entre ménopause et puberté (adolescence), deux périodes qui installent le corps des femmes dans une nouvelle trajectoire de vie.

Au mot puberté, associons le mot ménarche (littéralement locution médicale désignant l'arrivée des premières règles chez la jeune fille).

Au mot… Associons le mot ménopause (littéralement locution médicale désignant la fin du sang chez la femme d'âge mûr). Mystère, que signifient donc ces

1. Traité de Charles Pierre Louis de Gardanne, *De la ménopause ou l'âge critique des femmes*, 1821.

trois points de suspension dans ma phrase ? Une brutale réalité s'impose à moi. En lieu et place d'un mystère, je perçois une absence, un trou béant dans la langue française qui n'aurait jamais esquissé de mot approprié pour exprimer au plus juste le versant opposé de la puberté. Rien qui ne traduise l'état d'esprit qui accompagne nos corps en évolution comme chez les Anglo-Saxons (*to bloom*, *greynaissance*, *age positive*, *getting old*, *aging gracefully*…) ou chez les Japonaises qui utilisent le terme *konenki* pour signifier cette transition valable pour les femmes comme pour les hommes.

Imaginez un peu ! Dans ce pays que l'on dit le plus vieillissant au monde, on honore les ancêtres, on valorise le temps, on met en avant le *kirameki*, l'effet rayonnant et lumineux des femmes de plus de 60 ans et, chez nous, que nenni.

Ce que je ressentais à l'orée de mon parcours était donc vrai, la ménopause, au-delà de la simple évocation personnelle, ne possède donc ni sons, ni images encore moins ce vocabulaire que je cherche tant ?

Je réfléchis un instant et me corrige instantanément.

Les sons, je les entends tout comme vous. Vous savez ? Ces fameux soupirs des femmes qui ont chaud, qui pleurent, qui hurlent, parce que c'est bien connu, une femme ménopausée a ses bouffées accompagnées de vapeurs, elle est dépressive et frôle l'hystérie !

Les images, je les vois, et notamment celles représentant Samantha Jones, apeurée par un retard de règles qui la contraint alors à penser au pire à savoir : « Maintenant que je suis sèche, je n'ai pas d'autre choix que de me taper mon nouveau voisin de palier, sexa et surtout pas sexygénaire… Enfer et châtiment» (Saison 3, épisode 8, *Sex and The City*).

Le vocabulaire enfin, je l'écris à l'encre noire brute de mon stylo : perdition, dégénérescence, mort partielle, petite mort façon Simone de Beauvoir, obsolescence programmée.

Et c'est là que j'ai envie de crier : « Courage, fuyons, soyons créatives ! Notre avenir en dépend ! » Parce que, comprenez-moi, pour une femme comme moi qui aime tant les mots, pour une femme comme moi qui entrevoit qu'il lui reste encore au moins trente ans à vivre, comment accepter cette sinistre trajectoire ?

Pour aller dans le sens de cette représentation « empouvoirante », je crois plus que jamais en la nécessité de créer un nouveau vocable, bien plus joyeux que celui qui nous est insufflé aujourd'hui.

Laissons donc le mot ménopause au registre médical, tel le mot ménarche, et ouvrons le champ à une nouvelle période que je propose de nommer « librescence ».

Dans mon esprit « librescence », dérivé du mot d'origine latine *liberescere*, et plus spécifiquement de son participe présent, signifie étymologiquement « celle qui est en train de larguer les amarres (lâcher prise, lâcher les ballons) ».

Rattachée à la période dite de la péri-ménopause (durée : entre cinq et sept ans, allant de la pré- à la post-ménopause), la librescence revêtirait de multiples facettes : corps qui change, qui commence à se tasser, peau sèche sur le visage et sur le corps, possible retour de boutons d'acné, rosacée, taches brunes, perte de contrôle, crises de larmes incontrôlées. Transpiration plus forte, moins de poils à épiler, besoin d'un maquillage hydratant et confortable, masque visage régénérant, crèmes, crèmes et encore crèmes.

N'ayant plus à être choisie pour donner la vie, débarrassée des règles à tout jamais, je jouis d'un corps sans autre attente que celui de se maintenir pour le meilleur.

Alors, qui sait, peut-être m'incarnerai-je espiègle façon Poupette dans *La Boum* ?

Peut-être choisirai-je au contraire une voie plus calme et réfléchie (hum, à bien réfléchir, cela me semble improbable).

Quel que soit le chemin que j'emprunterai (ce chemin n'est pas figé, il est la vie), je promets d'être à l'écoute de mes besoins corporels (m'offrir le meilleur entraînement physique qui soit, me nourrir de bons aliments, me lancer de nouveaux défis et rester en lien avec les autres pour conserver bonne humeur et plasticité cérébrale).

Je promets enfin de rester alerte, encadrée par des médecins prévenants, informés et à l'écoute, mon rêve ultime. La science est évolutive, les thérapies sont diverses. Quand bien même la ménopause ne serait pas une maladie, elle reste un phénomène naturel et évolutif qu'il convient d'accompagner en pleine conscience.

Du rouge sang à l'âge d'argent, telle est la profondeur de ma puissance, l'expression de ma sagesse libre naissante. Mon corps que j'aime enfin est ce corps qui m'amènera loin… Qui sait ?

Corps médical

Il sourit de ses yeux bleus, vraiment très clairs, quand je lui dis qu'il a été une femme, plusieurs femmes, dans des vies passées. Il prend ça comme un compliment. Bien sûr, suivre la vie des femmes et de leurs seins, pendant des années, donne plus qu'un vernis sur leurs corps, plus qu'un vrai background, une connaissance. Et la connaissance, c'est bien autre chose que le savoir. Je l'appelle sagesse, et vous ?

Dominique a « fait ses humanités » avant de faire médecine, comme on disait au temps de Rabelais : docteur en philosophie d'abord, docteur en sénologie ensuite, humaniste avant tout. Il n'a pas été mon médecin pendant la maladie, il a été mieux que ça, un guide. J'avais lu ses livres, des phares dans la *nuit noire de l'âme*, bien avant que nos routes ne se recroisent dans la vraie vie, par un « heureux hasard », que C. G. Jung appelait synchronicité.

Étant donné sa profession, il représente ce qu'on appelle le corps médical, et si tout le corps médical était comme lui, égal à sa communication heureuse et à son écoute active, les corps des femmes s'en porteraient mieux.

Le corps des femmes et la médecine

Dr Dominique Gros

Praticien honoraire des Hôpitaux universitaires de Strasbourg, radio-oncologue et sénologue, diplômé d'études supérieures de philosophie, directeur de la rubrique « Art & Cancer » de la revue *Oncomagazine*.

Auteur de *Le Sein dévoilé*, *Les Seins aux fleurs rouges*, *Cancer du sein, entre raison et sentiments*

UNE ASSEMBLÉE DE FEMMES

Strasbourg, automne 2018. Marchant dans les rues de la ville, une image attira mon regard. Sur un espace publicitaire s'exposait un corps féminin plastifié, style poupée Barbie, bas du visage, lèvres entrouvertes et rouges, torse, bras et début des hanches. À hauteur de la poitrine, figurait un énoncé en écriture manuscrite : «*Le corps des femmes, de la norme à la résistance*». L'affiche annonçait un Colloque organisé par la municipalité.

Corps, *norme*, *résistance*, dans ma tête, ces mots résonnaient avec ceux d'*injonctions*, *contraintes*, *diktats*. Force était de reconnaître que, sous prétexte de beauté, bien-être, santé, morale ou bonheur, les femmes sont constamment enjointes, et même sommées, de soumettre leur corps à des règles et des usages. Il importe de définir ce qu'il convient d'en faire et d'en attendre, d'en dire et d'en taire, d'en montrer et d'en cacher. Donc, contrôler et maîtriser ses fonctions, droits et obligations.

«Voilà un colloque que je ne vais pas manquer», ai-je songé d'emblée. Le sujet était, si je puis dire, mon champ d'action et de réflexion. Le *corps des femmes*, j'y étais confronté au quotidien et depuis des années. Pas tout le corps, c'est vrai, mais seulement une partie de lui. Cependant, pour qui sait l'observer, cette partie est une clé d'accès et ouvre la porte à une totalité, à un condensé du rapport au corps. Lieu d'intimité, objet de sentiments et d'émotions variables, marqueur identitaire, cet élément de l'anatomie témoigne à lui seul de la relation au corps. Un mot sur lui, un regard ou un geste suffisent aux misogynes pour blesser une femme dans son entièreté. Et quand s'impose médicalement le geste sacrilège de son ablation, cet endroit peut devenir capitale de la douleur et affecter la totalité de la personne autant dans son être somatique et psychologique, que relationnel et social.

On l'aura deviné, je veux parler des seins.

Professionnellement, j'étais sénologue. Sénologie, vous connaissez? Rien à voir avec la sinologie ou les gens séniles ni avec la scénologie ou la sérologie.

La sénologie, c'est la médecine dévolue à la santé du sein. Quant au sénologue, c'est un médecin spécialiste – radiologue, anatomopathologiste, chirurgien, oncologue… – qui limite l'utilisation de sa technique au sein.

Mon activité de sénologue étant consacrée au diagnostic et au dépistage, les seins, j'en voyais tous les jours. Je les ai regardés et inspectés. Je les ai touchés, palpés, tâtés, manipulés. Je les ai observés et scrutés, en imagerie : rayons X, ultrasons, infrarouges, IRM. Je les ai piqués et ponctionnés. Le corps des femmes, pour moi, c'étaient les seins. Tous différents et tous uniques, comme des visages.

Mais n'est-il pas réducteur de confondre les seins avec le corps ? De céder à la tentation de la synecdoque en prenant la partie pour le tout ? Il me semble que non. Les femmes sont souvent réduites à leur corps, défini par sa double fonction sexuelle et maternelle. Cette objectivation se retrouve focalisée dans les seins, perçus dans l'imaginaire collectif comme un haut lieu symbolique de la sexualité et de la maternité. Pour cette raison, ils catalysent des réactions et des attitudes, révélatrices d'un rapport non seulement au corps des femmes, mais également au féminin pris dans son sens le plus large.

Le polymorphisme symbolique des seins leur octroie un vaste champ normatif. Tout autant que le corps féminin, sinon plus, ils concentrent sur eux les prescriptions et les interdits. Socialement, ils sont l'objet d'une normalisation fonctionnelle, esthétique, morale.

Médicalement, ils sont tout autant appelés à entrer dans des cases et à respecter des règles.

Le sein, pour qui ? La femme, l'enfant, l'amant, le médecin, le pornographe, le marchand ? Le sein, pour quoi faire ? Du lait, du sexe, de l'argent, de la beauté, du rêve, du cancer ?

REGARDS SUR LE CORPS DES FEMMES EN MÉDECINE

Si l'expression *corps médical* est le plus souvent entendue pour désigner la communauté des médecins, on peut aussi l'utiliser pour signifier le corps en tant qu'objet de la médecine. Dans cette acception et s'agissant des femmes, s'interroger sur le *corps médical*, c'est réfléchir au *statut ontologique* du corps féminin dans l'univers médical.

Comment ce corps des femmes est-il regardé, perçu, abordé, traité par les soignants d'aujourd'hui ? Y a-t-il des différences avec le corps des hommes ? Selon que le praticien est de sexe féminin ou masculin ? Observe-t-on des disparités d'approche en fonction du statut professionnel des soignants : infirmier, médecin, technicien, personnel paramédical... ? Cette question du statut du corps des femmes dans la société fait l'objet de nombreux travaux en sciences sociales ou même en philosophie, mais elle est peu abordée à l'intérieur de la communauté médicale.

En tant qu'organisation et système de soin, l'Institution médicale est régie par des théories scientifiques, des règles, des dogmes, une éthique. Il y a un *esprit* institutionnel. Que l'Institution soit judiciaire, scolaire, financière ou politique, les institutions *pensent* – non pas au sens littéral, mais comme productrices de pensée. Ainsi, il existe dans l'Institution médicale une *certaine* idée du statut du corps des femmes. Tous les professionnels de santé sont-ils fidèles à cette idée? Répondre positivement, c'est généraliser et uniformiser. C'est attribuer à tous les membres de cette Institution *en général* une vision et des pratiques qui ne concernent qu'une partie d'entre eux.

Le regard de chaque soignant sur le corps des femmes est modulé par ses représentations du féminin et influencé par son rapport à son propre corps. Mais à trop se concentrer sur la pluralité des regards, on risque d'aboutir à collectionner les singularités et à sombrer dans l'anecdotique.

Autre sujet de réflexion : la légitimité. Pour juger objectivement du statut donné au corps féminin en médecine, qui dispose de l'expérience, de la méthodologie et du recul nécessaires? En tant qu'usagères, les femmes éprouvent, subissent, vivent la façon dont leur corps est considéré dans l'espace médical. Il importe de ne pas parler en leur nom et à leur place. Les sciences sociales seraient-elles mieux placées? Avec ses enquêtes sur le terrain, le sociologue de la santé est un témoin. Sa méthodologie le met à l'abri des biais de jugements liés à l'expérience individuelle toujours entachée de subjectivité, mais ne lui garantit pas pour autant une pureté idéologique.

La légitimité est-elle du côté des soignants? Étant juge et partie, sont-ils mieux placés pour enquêter? Ma formation scientifique et ma pratique de médecin m'offrent un poste d'observation privilégié, mais ne font pas de moi un être *désincarné* et pourvu d'office d'une neutralité axiologique. Moi aussi, et quel que soit mon sexe, j'ai un rapport au corps des femmes qui influe sur ma façon de l'examiner, de le regarder, de le toucher, de le traiter. En suis-je conscient?

S'agissant des seins, quelle perception en ai-je? Et si je suis un homme, comment puis-je comprendre *réellement* ce qu'ils peuvent représenter pour une femme? N'y a-t-il pas de ma part quelque arrogance ou naïveté à vouloir en parler? N'ayant pas de seins moi-même ou si peu et pas pour le même usage, j'en ignore tout. J'ignore et ne connaîtrai jamais l'expérience de nourrir un enfant de mon lait. J'ignore la fierté d'arborer une jolie poitrine, de sentir son pouvoir, ou au contraire, la contrariété, la gêne, ou même le désespoir, de se trouver trop peu pourvue. Je ne saurai pas non plus ce que c'est que de porter le fardeau d'avoir des seins déclarés *à risque* ou de traverser l'épreuve du cancer.

Toute quête de la vérité se fait sur un chemin semé d'embûches.

LES SEINS NORMAUX ONT-ILS DISPARU?

Nos sociétés dites *avancées* bénéficient d'une médecine scientifique et rationnelle, riche de succès et de progrès. Nul ne le conteste ni ne le regrette. Pouvoir consulter et être soigné au mieux chaque fois que nécessaire, voilà un beau privilège pour nos générations. Conjointement à cet état de fait, s'est instaurée l'idée d'un progrès continu de la médecine susceptible de répondre à terme au projet d'une santé (presque) parfaite. Le transhumanisme s'inscrit dans cette conception.

Si vivre mieux et longtemps est un bel objectif de civilisation, faut-il pour autant payer ce progrès par une vie tout entière organisée autour de la peur du risque et du principe de précaution ? Depuis plusieurs décennies, les sciences sociales et des médecins font le constat d'une médicalisation croissante de l'existence individuelle, allant jusqu'à parler de *santé totalitaire*. La médecine contemporaine étend de plus en plus son pouvoir sur nos vies personnelles et sociales. Corps, psychisme, bien-être, sexualité, activité physique, alimentation, activité scolaire, bonheur, plus rien ne lui échappe.

Quant au corps des femmes, il est l'objet d'une médicalisation croissante. Sous prétexte de santé, les seins sont enjoints de se placer sous surveillance médicale. Regardés au prisme de la médecine et de ses techniques, c'est le règne du *douteux*, du *suspect*, du *à contrôler dans six mois*. On dirait que les seins normaux ont disparu et qu'ils sont devenus un organe précancéreux.

SEIN ET PROSTATE

Les mortalités par cancer du sein et cancer de la prostate sont comparables : douze mille femmes et dix mille hommes en meurent chaque année, en France. Pourtant, le dépistage par la mammographie et le dépistage par dosage du PSA sont gérés très différemment par les autorités sanitaires. L'un est hautement préconisé, l'autre non recommandé. Pour connaître les arguments officiels qui justifient cette différence, il suffit de se connecter sur le site Internet de l'Assurance maladie et de parcourir les pages «*Dépistage du cancer du sein*[1]» et «*Dépistage du cancer de la prostate*[2]». Qu'y lit-on?

• Question de l'efficacité :

«Aujourd'hui, le bénéfice du dépistage du cancer de la prostate n'est pas clairement démontré : il n'est pas certain que ce dépistage permette d'éviter des décès liés au cancer de la prostate. [...] «C'est pourquoi, en France et à l'étranger, aucune autorité de santé ne recommande le dépistage systématique du cancer de la prostate par dosage du PSA (antigène prostatique spécifique) chez les hommes sans symptôme.»

Pourtant, depuis plusieurs décennies, la même controverse scientifique internationale et les mêmes incertitudes existent quant à la capacité du dépistage du cancer du sein à réduire la mortalité.

---

1. https://www.ameli.fr/assure/sante/themes/cancer-sein/depistage-gratuit-50-74-ans

2. https://www.ameli.fr/assure/sante/themes/cancer-prostate/depistage

• Question du surdiagnostic :

« On ne sait pas distinguer les cancers de la prostate qui vont devenir agressifs et qui doivent être soignés, des cancers qui vont rester "latents". [...] On risque donc d'opérer un patient ou de lui donner un traitement, dont il n'aurait pas eu besoin. »

Pourtant, le dépistage du cancer du sein induit un surdiagnostic tout autant que le dépistage du cancer de la prostate, et un certain nombre de femmes subissent des traitements dont elles n'auraient pas eu besoin.

• Question des limites :

« Les résultats médicaux (le PSA) peuvent être faussement normaux et vous rassurer à tort. [...] Entraîner un traitement dont les effets secondaires peuvent affecter votre vie de tous les jours : incontinence urinaire ou impuissance sexuelle ou troubles intestinaux. Vous rendre anxieux et entraîner des examens médicaux inutiles. »

Pourtant, les mêmes inconvénients existent avec le dépistage du cancer du sein : mammographie faussement normale (faux négatif) et donc, retard de diagnostic ; effets, dénommés pudiquement *secondaires*, des traitements chirurgicaux, chimiothérapiques, antihormonaux ; mammographie faussement anormale (faux positif), génératrice d'examens – IRM, ponctions, biopsies, et contrôles répétés, avec l'anxiété qu'ils provoquent.

• Question de l'information :

« Toutefois, certains hommes peuvent souhaiter un dépistage du cancer de la prostate. Si vous envisagez de vous faire dépister ou si votre médecin vous le propose, il est important de disposer d'une information complète sur les avantages et inconvénients des examens de dépistage et de leurs conséquences. La décision de s'engager dans une démarche de dépistage du cancer de la prostate est un choix personnel qui nécessite d'être réfléchi. »

Même conseil pour le dépistage du cancer du sein :

« La décision de s'engager dans une démarche de dépistage est un choix personnel : il est important de prendre connaissance des avantages et des inconvénients de cette démarche avant de décider d'y prendre part. »

Pourtant, une question cruciale demeure. Globalement, les médecins suivent les recommandations des autorités médicales, relayées par le tambour médiatique, les Associations de malades et les rituels collectifs comme *Octobre rose*. Dans ce contexte militant, l'information sur la mammographie de dépistage est-elle claire et loyale, délivrée avec objectivité ? Y a-t-il dialogue sur ses avantages, limites et inconvénients ? Ou bien cette information est-elle réduite à une injonction, voire une obligation : « Inutile de revenir me voir tant que vous n'aurez pas fait votre mammographie de dépistage. »

GOING FLAT, AFTER BREAST CANCER

Après l'ablation d'un sein ou des deux, si une femme souhaite être reconstruite chirurgicalement, aucun médecin ne songera à lui demander les raisons de son choix et ne mettra en doute la légitimité de sa décision. La reconstruction du sein après mastectomie est considérée comme allant de soi. Cet état d'esprit se retrouve dans l'ensemble de l'univers médical. « La reconstruction mammaire fait *partie intégrante* de la prise en charge du cancer du sein[1]. » Consigné sur le site Internet de l'Institut national du cancer, cet énoncé reflète la position officielle de l'Institution médicale. Le ton est donné.

Étant jugée normale, cette procédure est le plus souvent regardée comme nécessaire. Face à une femme qui ne désire pas cette intervention, c'est le plus souvent l'étonnement. Les phrases entendues en consultation sont significatives. Interrogation : « Ah bon, pourquoi ? » Consternation : « Vous ne pouvez pas rester comme ça ! » Incitation : « Vous en aurez un plus beau qu'avant ! » Ou encore, *nec plus ultra* : « Vous êtes jeune, à votre âge il faut le faire… » Ne pas vouloir de reconstruction est perçu comme un choix négatif, peut-être motivé et compréhensible, mais pas tout à fait dans la norme et justifiant des explications. Dans le dossier médical, il sera écrit « a refusé » la reconstruction, au lieu de « n'a pas choisi ».

Sans doute est-ce un truisme que d'affirmer que chaque femme entretient un rapport singulier avec ses seins et qu'elle peut leur donner toute leur place dans sa vie de femme, sans pour autant éprouver le besoin de reconstruire celui qui manque. Sa réparation de soi,

1. https://www.e-cancer.fr/Patients-et-proches/Les-cancers/Cancer-du-sein/Reconstruction-mammaire

psychique, relationnelle ou sociale, ne requiert pas nécessairement la réparation de son apparence physique. Alors, pourquoi ne pas l'admettre ? Est-ce que son choix concerne son médecin ? Si l'image du torse amazonien et de la *one-breasted woman* l'affecte négativement, peut-être le praticien devrait-il se demander d'où vient sa propre difficulté à imaginer la poitrine d'une femme avec un sein en moins ? De qui faut-il guérir le regard ?

Face à ce qu'elles perçoivent comme un diktat médical et social, beaucoup de femmes dénoncent ce réductionnisme sexiste qui associe irrémédiablement le sein à la définition du corps féminin. Elles proclament haut et fort que perdre un sein n'est pas nécessairement perdre son identité de femme. Le 15 août 1993, la photo de Matuschka, publiée en couverture du *New York Times*, provoqua réactions et controverses intenses. On la voyait dans une robe dénudant entièrement le côté amputé. Par la suite, elle reprit cette photo sur son site Web en la nommant « *Beauty out of damage* » – *Beauté hors d'atteinte*, signifiant par là que la perte de son sein ne l'empêchait pas de se sentir femme, entière et belle.

Qu'il soit féminin ou masculin, l'œil humain peine à porter sur un torse d'Amazone un regard exempté de tourment. L'acte d'enlever un sein à une femme apparaît comme la transgression d'un interdit. « *Going flat, after Breast Cancer* », c'est aujourd'hui la formule de ralliement des sites Web, œuvres d'art, expositions de photographies, ouvrages, qui militent pour un changement de regard.

Ainsi donc, il me semble que ces exemples prouvent bien qu'il n'est pas réducteur de prendre les seins comme objet de réflexion sur le corps des femmes tout entier.

EN GUISE DE CONCLUSION

« Selon que vous serez puissant ou misérable, les jugements de cour vous rendront blanc ou noir. » Qui n'a en mémoire cette conclusion de la fable de La Fontaine *Les animaux malades de la peste*? Si j'osais un pastiche, j'écrirais : « Selon que vous serez une femme ou un homme, la médecine vous traitera d'une manière ou d'une autre. » Qu'est-ce à dire? La médecine serait-elle injuste? Oui, quand elle adhère à la catégorisation hiérarchisée entre les sexes de même qu'entre les valeurs et représentations qui leur sont associées.

Autant les enfants ressemblent à leurs parents biologiques, autant la médecine ressemble à ses parents sociaux, elle est fille d'une culture. Toute pratique médicale est aussi une pratique sociale. Les analyses sociologiques portant sur ce sujet sont peu diffusées et objets de réflexion dans le monde médical. Souhaitons que l'Institution médicale puisse s'ouvrir à une réflexion sur l'influence conjointe du sexe biologique et du genre social sur le statut du corps des femmes en médecine. « *It's a Long Way…* »

Corps politique

Née en tête des millenials, les sociologues qui aiment classer les époques nomment la génération à laquelle appartient Lucie la *génération Y*. Qui n'a jamais connu le monde sans SIDA se doit de réinventer le couple et la sexualité.

Lux-lucis, c'est la lumière que Lucie projette sur les murs de l'Institut d'études politiques, en transmettant le savoir. Le savoir, oui, mais lequel ? Les lettres, une culture générale, pour des promotions de futurs hommes politiques (et un peu plus de femmes quand même, malgré tout) dans une société très Yang.

Au sein de l'institut *politis*, la vérité n'a pas toujours été bonne à dire. Mais c'est quoi, la vérité ? Lucie n'a plus le temps pour les dissertations thèse-antithèse-synthèse, elle accueille dans son bureau des étudiantes bousculées et des étudiants déboussolés. Le consentement est la nouvelle éducation – révolution ? – sexuelle.

Yin out !

Lucie Bertrand-Luthereau

Agrégée et docteure en lettres, enseignante en culture générale à Sciences-Po Aix, ex-chargée de mission égalité femmes/hommes Sciences-Po Aix
Auteure de *Big Bang Baby*.

Je m'appelle Lucie. Je suis née en 1981. Comme beaucoup de femmes de ma génération (et comme beaucoup de femmes à travers les âges), j'ai été regardée, jugée, jaugée, touchée, pénétrée contre mon gré. J'ai intériorisé un paquet de données destructrices et mortifères issues des magazines, de la télévision, puis d'Internet, de la publicité, mais aussi des romans et des propos de mon entourage, éminents professeurs inclus. J'ai eu des périodes anorexiques, boulimiques, je me suis détestée dans le miroir, j'ai acheté des crèmes trop chères pour résoudre des problèmes que je n'avais pas.

De mes études, parlons-en. J'ai mené des études de Lettres jusqu'à la thèse, en passant par la prépa et l'agrégation. J'y ai lu qu'il fallait que je « cueille ma jeunesse » car « la vieillesse fera ternir ma beauté » (so what ? suis-je donc sur Terre pour être belle ?). J'ai appris le viol conjugal dans *Une vie* de Maupassant, sans qu'aucun.e de mes enseignant.es ne juge bon de le nommer et d'en prévenir les jeunes lectrices que nous étions (je n'ai pu apposer les mots justes sur cette scène de nuit de noces que de manière rétrospective, il y a quelques années seulement). Trois de mes professeurs de prépa sortaient ou étaient sortis avec des étudiantes. Quand nous avions sport et que l'on faisait vingt minutes de footing pour s'échauffer, le prof d'histoire se mettait à côté du pion et tous deux devisaient plaisamment sur notre physique. Je me déteste encore d'avoir ressenti de la fierté lorsque leurs commentaires m'étaient favorables. De ne pas m'être arrêtée, de ne pas avoir crié, dénoncé, montré. Je voudrais tant avoir dès ce moment œuvré pour que la honte change de côté. Oh ! je le sais si bien désormais, elle n'était pas du côté de notre cellulite, la honte, mais du côté de la posture que ces hommes adoptaient ! Lors d'un oral de philosophie (j'avais eu une heure pour travailler sur « l'inexistence » et devais présenter le fruit de mes réflexions ontologiques à mon professeur), celui-ci m'a accueillie en me demandant si je faisais de la danse, parce que j'en avais le physique et tout un bla-bla-bla qui me semblait martien au moment où j'allais lui exposer ce que je pensais de la vie et de la mort.

Un autre souvenir me revient, plus dérangeant encore. Quand j'étais en seconde (j'avais un an d'avance, donc 15 ans), je suis repassée devant mon ancien collège. Je suis allée dans la salle des profs, voir si j'y rencontrais d'anciens professeurs. Il y avait deux enseignants de maths, que j'avais eus quelques années avant. J'entame un dialogue avec eux, sur le modèle joyeux (et bien sûr narcissique) du « vous souvenez-vous de moi ? ». Le prof 1 se retourne vers le prof 2 : « On n'a pas de chance, quand même, de les avoir si jeunes [en cours], regarde comment elles deviennent, après. » Sidération flattée de ma part – je ne conscientiserai mes émotions d'alors que plusieurs décennies après. C'est donc une « chance » d'être prof d'adolescentes de 15 ans parce que le physique des jeunes filles qui assistent aux cours est plus attirant qu'à 12 ou 13 ans ? Je vous laisse mesurer la portée de cette phrase et ses implications.

Maintenant que j'ai ouvert les vannes, ça ne s'arrête pas. Me reviennent les doigts de ce « copain » au cinéma, dans mon vagin de petite fille (j'avais 13 ans et aucun signe que ma puberté approchait), le visage colérique, deux ans plus tard, de cet autre me traitant d'« allumeuse » parce qu'une fois enfermée par ses soins dans une chambre, lors d'une soirée entre potes, je lui avais dit « qu'il se trompait » alors qu'il se débraguettait en me plaquant sur le lit (je ne savais même pas que l'on pouvait dire non, j'avais peur de vexer ! Et encore celui-ci s'était-il interrompu, en colère, certes, mais sans me violer).

Et si je m'autorise cette cascade de souvenirs qui me reviennent en flashs alors que j'aimerais prendre la plume en tant que professionnelle de l'écriture, de l'enseignement et de la recherche, c'est que je pense que nous sommes nombreuses dans ce cas, et que nous nous libérons en sortant des cadres de la bienséance et des codes de l'écriture d'articles.

Mais ce texte, écrivons-le, j'ai des choses à vous dire.

Le cœur de mon propos est de vous raconter comment ma vie professionnelle m'a conduite à une relecture de mon vécu dans ce corps de femme. Comment mon travail et mon vécu se sont entremêlés, indissociables, me sortant de l'illusion du cloisonnement étanche entre vie perso et vie pro que l'on cherche encore à nous inculquer.

En 2011, j'ai eu ma fille, splendide. Sa naissance fut un grand bouleversement, que je raconte dans mon roman, *Big Bang Baby*, paru en 2012 sous pseudonyme. En 2013, j'ai obtenu mon poste d'enseignante de culture générale à Sciences-Po Aix. Deux univers bien séparés, pensais-je.

Dès le deuxième semestre de ma première année d'enseignement dans cet établissement, l'une de mes étudiantes vient se confier, au bout du rouleau. «J'ai frappé à toutes les portes, je ne sais plus quoi faire.» Elle était victime d'une sorte de manipulation très perverse, de l'ordre du harcèlement moral et sexuel de la part d'un professeur de l'établissement. Propos inquiétants et souffle rauque dans les couloirs vides, mails «professionnels» à toute heure créant une relation qu'elle ne désirait pas et qui semblerait «purement professionnelle» aux yeux de tous et toutes. Ce professeur avait beau être connu pour son « passé sulfureux » auprès des étudiant.es (la rumeur dit que cela a tout à voir avec son changement de poste et son arrivée « ici », mais attention, on m'a bien signifié que je pouvais être accusée de « diffamation » !), rien n'était fait à l'IEP pour protéger les étudiant.es de cet enseignant, bien que cette étudiante ait parlé et contacté l'administration.

Quelque temps plus tard, je suis invitée à la faculté de droit par une étudiante pour une conférence dont j'ai oublié le sujet, mais liée au sexe et au genre, puisque j'y parlais de l'étonnant rejet de l'ABCD de l'égalité et de la violence des réactions à son encontre, chez les parents d'élèves, notamment. J'écoute l'intervenante qui s'exprime avant ou après moi. « Depuis 2013, dit-elle, les établissements du supérieur ont l'obligation de se doter d'une mission égalité. » Je me retourne vers mon étudiante, certaine que notre établissement empli de juristes y a pourvu : « C'est qui, chez nous ? », je demande. Moue d'ignorance du côté de l'étudiante également. « C'est qui, chez nous, la référente de la mission égalité ? » On est, quelques semaines plus tard, chez un collègue et je pose la question à un membre de l'administration. Je pense à C., cette étudiante venue me parler de ce prof, et à mon immense sentiment d'impuissance face à sa détresse. « C'est toi, si tu veux », me répond ce membre de l'administration. Oh ! comme j'ai voulu refuser ! Comme je suis consciente que ces positions sont des machines à burn-out ! Mais je pense à C. Je dis oui. Peut-être pourrai-je faire bouger les choses ? Bilan trois ans plus tard : la réponse est non. Pas comme j'aurais voulu, en tout cas, loin de là. J'ai démissionné. Mais pendant trois années, j'ai œuvré, lu, enseigné, créé un cours, organisé des conférences, des débats, dans l'IEP, hors IEP, j'ai aidé la parole à se libérer, écouté, pris en charge, parlé vrai. Fin du cloisonnement. Abolition de l'étanchéité. Je devais incarner ce que je disais : si je voulais aider les étudiant.es à se libérer, il fallait moi-même que je me libère et, pour me libérer, il me fallait voir mes chaînes, revisiter mon passé, lire, découvrir, comprendre, et conscientiser.

Ce ne sont pas mes lectures de prof de lettres qui m'ont ouvert les yeux. C'est celles que je me suis retrouvée à faire pour comprendre ce que vivaient mes étudiant.es, et retrouver, par ce biais, ce que j'avais vécu, sortir de ma sidération pour leur permettre de faire de même, conscientiser la complexité de mes émotions d'alors, pour les accompagner dans l'accueil et la conscientisation des leurs.

« Conscientiser la complexité de mes émotions d'alors. » Je me relis et je ris jaune. Comme si la sidération et l'impuissance s'arrêtaient avec l'âge adulte ! Ma vie de femme dans ce corps de femme se poursuivait, et avec elle le sexisme ordinaire, l'objectivation, les jeux imposés qui mêlent séduction et pouvoir… Alors même que je prenais à bras-le-corps la situation de jeunes femmes et de jeunes hommes que je voulais aider, je prenais conscience que je ne m'aidais pas moi-même, que j'acceptais encore l'inacceptable, celui-là même que je leur disais de refuser à tout prix ; que je ne dénonçais pas ce qui m'arrivait et qui devait l'être, que j'avais les mêmes peurs qu'à 16, 27 et 33 ans, celles d'être mal vue, d'être une rabat-joie, ou encore d'être inquiétée dans ma carrière…

Allez, j'entre dans le vif du sujet.

APPELONS-LE JEAN-MICHEL…

Novembre 2019.

L'IEP a prêté son grand amphi pour qu'un podcast soit enregistré. Le sujet ? Le sexisme dans les établissements du supérieur.

Quelques jours avant, les organisatrices m'ont contactée. Je suis encore référente égalité femmes/hommes de Sciences-Po Aix. Plus pour longtemps. Elles ont récolté des témoignages d'étudiants et d'étudiantes, à l'IEP et ailleurs, et souhaitent aussi que des professeurs témoignent. La consigne est plutôt constructive : il s'agit de raconter un moment où l'on a fait l'objet de sexisme, et où l'on a trouvé une solution. Il ne s'agit donc pas uniquement de dénoncer, l'objectif, c'est que les témoignages soient aussi inspirants. Je me creuse les méninges : des exemples de sexisme sur mon lieu de travail, j'en vois un certain nombre, mais en débusquer un pour lequel j'ai trouvé une résolution positive, vraiment, je n'en vois pas. *My mistake*. Dure prise de conscience ; je subis, je sublime, je transforme, mais concrètement, je ne trouve pas d'issue à ces situations. Je ne les rends pas publiques, je ne m'insurge pas. J'ai 38 ans et je suis référente égalité femmes-hommes de mon établissement. Je devrais. Je finis par trouver quelque chose d'approchant, sans conviction. J'en parle aux organisatrices ; elles me demandent de m'enregistrer et de leur envoyer l'audio : elles en diffuseront des extraits lors de la soirée d'enregistrement du podcast dans l'amphi.

Le soir de l'enregistrement du podcast dans les locaux de Sciences-Po Aix, les organisatrices animent leur émission devant nombre d'étudiant.es de l'IEP. Les témoignages, d'ici ou d'ailleurs, sont diffusés. L'un vient de chez nous. Une étudiante raconte qu'un enseignant, en soirée, lui a mis une main aux fesses. L'issue inspirante ? Elle est allée lui parler le lendemain, il a dit qu'il ne s'en souvenait plus, et ça n'est plus jamais arrivé. Je m'interroge encore sur ce cas d'école (aux différents sens du terme…). L'issue heureuse l'est-elle vraiment ? La jeune femme a eu le courage immense d'aller voir le professeur en question. Est-ce à elle de s'exposer autant ? Comment la protéger, lui éviter la nécessité de ce courage que d'autres n'auront pas, faire en sorte que, à une soirée étudiante, personne ne doive craindre les débordements d'un professeur aviné ? D'autres témoignages sont diffusés. En dernier, le mien. L'enregistrement s'interrompt. Problème technique. Il est relancé. Je m'entends raconter le début de mon histoire. Une fois, deux fois. Mon ventre se serre, mes paumes sont moites. Tout le monde dans l'amphi sait que c'est moi qui parle. Gêne. On relance, nouvel échec de l'audio au bout d'une dizaine de secondes. C'est intenable. Je me lève. Je dis quelque chose comme : « OK, tout le monde sait que c'est moi, autant y aller en direct. » On me donne un micro. Je témoigne, devant mes collègues, mes étudiants, mes étudiantes, en live, sans filtre et sans filet, à visage découvert. J'en ai encore le souffle court en l'écrivant.

Jean-Michel (son prénom a été modifié) est un professeur jovial, proche de la retraite. Adoré de ses étudiant.es (heureusement pas tous.tes) pour sa truculence de boomer (ha ! les histoires de fesses des reines de France ! Et les pudibondes ! et les bigotes ! Quelle rigolade, les rois queutards !), il se montre particulièrement cordial à mon encontre depuis mon arrivée à l'IEP. Je le crois bien intentionné, il est de la génération de mes parents. Il me flatte avec maladresse, je me dis que c'est générationnel. Un jour il me propose d'aller prendre le café dans un endroit « fan-tas-tique » (le café d'un grand hôtel), m'invite à être « le soleil de son hiver » (ou quelque chose comme ça, de très métaphorico-ringard). Je ne comprends pas bien. Il continue, m'expliquant qu'il ne veut ni de mal à mon mari, ni à sa propre compagne, que nous serons discrets. Sentiments mêlés de ma part, honte, gêne, peur de blesser, je comprends enfin de quoi il parle (d'une relation extraconjugale entre lui et moi), je réponds que « c'est une porte que je ne pousse pas » (!!!) (d'où me vient cette étrange métaphore ?!), m'éclipse comme je peux. J'ai peur pour mon travail, il se veut très influent, un « faiseur de carrière », comme il se plaît à le croire (est-ce vrai ?). J'espace les réponses aux mails, j'en reçois d'autant plus (de très étonnés de mon silence). Il m'écrit un jour pour me dire que, grâce à lui, j'ai un pass pour le parking. Je ne lui ai rien demandé (j'apprendrai plus tard que tout le personnel de l'établissement y a droit, Jean-Michel voulait juste se faire mousser en me faisant un cadeau que je ne lui avais pas demandé et qui n'en était pas un). Je me sens mal. Je vais voir le directeur. Je lui dis que si cette personne lui demande quelque privilège que ce soit me concernant, ça ne vient pas de moi, et que je ne veux rien d'autre que d'être considérée pour qui je suis. «Je ne me laisse influencer par personne», me répondra le directeur. Fin de l'histoire. Deuxième round pendant le grand oral où je me retrouve systématiquement avec lui dans les jurys. Je finis par aller voir le directeur des études qui me répond, interloqué : «Il m'a demandé de vous mettre ensemble, au nom de la parité ! » Je vous laisse savourer le talent de cet homme.

Voilà, amphi, j'ai témoigné. Le fait de signaler la situation à l'administration de mon établissement est l'issue la plus heureuse que j'ai trouvée à raconter. Je mettrais plusieurs mois à comprendre que, plus que d'entendre, la hiérarchie aurait pu *agir*. Je suis en colère contre moi de ne pas même avoir pensé à le demander.

Jean-Michel a pris sa retraite. Il est toujours bien accueilli dans notre établissement quand il vient y faire une conférence. Son prestige est intact.

Un jour, des étudiants m'ont contactée pour participer à leur jury du concours d'éloquence. Sachant que Jean-Michel y participait, j'ai décliné. J'ai dit à demi-mot aux étudiants qu'il m'avait fait des propositions que j'avais refusées. «N'en dites pas plus.» Les étudiants comprennent visiblement plus vite que leurs aînés.

« MADAME, JE PEUX SORTIR ? J'AI MES RÈGLES… »

2013. Un mardi comme les autres. J'enseigne à mes première année.

D. me fait signe : « Madame, je peux sortir ? » Il est 14 h 30, la pause est dans trente minutes. Oui, bien sûr, elle peut sortir, mais qu'elle doive sortir si vite m'interpelle… Je checke : « Tout va bien ? », je lui demande pendant qu'elle se lève. « Oui, faut juste que j'aille aux toilettes, j'ai mes règles. » Simple. Réactions dans la classe (les rires gênés voire moqueurs habituels). Et moi, étonnée de constater la normalité de la situation. Elle saigne, elle le dit, elle va s'en occuper, c'est normal.

D. vient de me faire reconsidérer avec son naturel parfait des décennies de tabou intériorisé que je ne cautionne pas. Je créerai par la suite un cours dans lequel la question des tabous aura une large place.

2019. Je prends la décision, lors de la soutenance, de contribuer à la normalisation de cette donnée si commune : les règles. J'en fais la promesse devant mon étudiante : mes règles ne seront plus pour moi un tabou, j'en parlerai normalement, quand ça viendra.

COM'YIN OUT

Parité, PARITÉ, PARITÉÉÉÉ !!!

Dans un IEP où il y avait en 2013 une seule professeure des universités (une femme donc) parmi toutes les cravates et chemises blanches des gradés de mon établissement, il y avait de quoi souhaiter, vouloir, exiger, revendiquer la parité.

Comme dans d'autres institutions et sur le modèle du gouvernement, l'IEP d'Aix a vu les chiffres de la parité s'améliorer ces dernières années. Tant mieux ! Mais dans le même temps que je me réjouissais de ces données encourageantes, quelque chose m'a semblé se dessiner : un manque cruel de Yin.

C'était comme si mes collègues embauchaient leur double féminin. Selon les mêmes critères de recrutement, en fait, et pour des « qualités » qu'ils et elles avaient en partage. Étaient toujours laissées aux portes des institutions les femmes Yin. Et, ne les oublions pas, leurs doubles masculins ! La femme est discriminée, oui, et en partie parce qu'on la soupçonne d'un Yin contre-productif. Et il en va de même pour les hommes porteurs de cette polarité si nécessaire.

Excès de Yang, dirait un médecin chinois, diagnostiquant un IEP.

Je m'explique.

Pour rappel, le Yin et le Yang fonctionnent dans un équilibre parfait, comme l'illustre ce fameux cercle dans lequel un point de couleur noir habite le côté blanc, et un point de couleur blanche est logé dans le côté noir. Le Yang n'est pas meilleur que le Yin, le Yin n'est pas meilleur que le Yang. L'équilibre des deux est nécessaire à l'harmonie. Un jeu amusant, auquel se livre Emmanuel Carrère dans *Yoga*, consiste à nommer une qualité, un élément, un objet, un sentiment, ou toute autre chose plus ou moins abstraite, et à en trouver le Yin s'il est Yang, et le Yang s'il est Yin. L'eau, Yin, le feu, Yang. Le glaive, Yang, le bouclier, Yin. Le temps court, Yang, le temps long Yin. Le mental Yang, l'intuition, Yin. L'émotionnel, Yin, le rationnel, Yang. La contemplation, Yin, l'action, Yang. C'est infini.

Les valeurs de notre monde actuel sont encore terriblement Yang : agir, gagner, faire du profit, se faire entendre, intimider, convaincre, agir, est très valorisé.

Pourtant notre planète se meurt, et une ère du soupçon se dessine : et si le soin, le laisser faire, le fait d'observer, de soigner, aimer, étaient en passe d'être réhabilités ? L'empreinte carbone est l'un des sujets clés de notre avenir sur terre, et à l'IEP, « l'année de mobilité » (une troisième année à l'étranger qui implique son lot d'allers-retours en avion) est toujours au centre de la scolarité de nos étudiant.es. Dominer la planète. Polluer sans complexe. Ne pas percuter. À quand un directeur ou une directrice plus soucieux de la qualité de notre air que de l'atavisme de domination de ses étudiant.es ? Un.e dirigeant.e capable de mettre un peu de Yin dans le vin yanguement tanique de la fabrique de nos dirigeant.es ?

Revenons à nos moutons.

Je me rends compte que, par un amalgame inconscient, j'avais jusqu'à une période récente assimilé la parité à un rééquilibrage du Yang par le Yin. Oui, le Yin est plutôt féminin, et le Yang plutôt masculin, mais de nombreuses femmes sont très Yang, et de nombreux hommes très Yin. Et le spectre du sexe et du genre ne se limite pas aux polarités du masculin et du féminin. Tout confondu, aujourd'hui, c'est toujours le Yang qui l'emporte dès lors qu'il est question d'embauche dans les institutions. En politique, Pierre Rabhi, dont le discours est selon moi très Yin, est loin d'avoir fait un score mémorable aux élections de 2002 en prônant la sobriété et le soin à apporter à la terre. Michèle Alliot-Marie (une ancienne de Sciences-Po Aix), Valérie Pécresse, très Yang, sont beaucoup plus visibles que lui.

Nos institutions vont mal. On y embauche trop peu d'hommes et de femmes soucieux.ses de leur prochain, rempli.es d'amour, épanoui.es, serein.es, centré.es sur les valeurs humaines. Le mot « amour » est toujours un gros mot en politique et dans la bouche des plus gradé.es. Je l'emploie avec délice dans mes conférences et mes amphis. Il est crucial et agissant. Il change le monde et la vision que l'on en a.

La parité, c'est bien.

L'équilibre du Yin et du Yang, c'est mieux.

Je dénonce aujourd'hui l'excès de Yang qui encourage la culture masculine à se moquer du consentement féminin.

Je dénonce aujourd'hui l'excès de Yang qui muselle les hommes Yin.

Je dénonce aujourd'hui les institutions et la fabrique des futur.e.s dirigeant.e.s de se fonder sur des valeurs caduques, pourries de Yang en distorsion.

J'appelle au Com'Yin out, masculin, féminin, trans, de toutes les couleurs de l'arc-en-ciel et de la palette de l'humanité, pour rééquilibrer tout ça.

J'appelle à la conscientisation de ce qu'ont subi les corps de nos aïeux, quel que soit leur sexe, quelles qu'aient été leurs assignations.

J'appelle à l'alchimie de la transformation des souffrances en conscience et de la conscience en choix d'un destin collectif fondé sur le libre arbitre.

En bref j'appelle au respect, à l'écoute, à la bienveillance, et à l'amour aussi, parce que ce sont encore des gros mots dans les lieux de pouvoir, et que je veux qu'ils deviennent encore plus gros, qu'ils deviennent en fait ÉNORMES, des éléphants de mots dans les porcelaines Yang de nos institutions, pour faire un peu le ménage dans ces vieux magasins, pour qu'on en repense la raison d'être, à coups d'équilibre et d'harmonie, de point blanc dans l'étendue noire, et de point noir dans l'étendue blanche.

Il est temps de faire notre « Com'Yin out ». D'arrêter d'inhiber le Yin qui nous habite. De le laisser sortir de nous (et du placard) pour qu'il circule comme il se doit. Qu'il reprenne sa danse harmonieuse avec son ami Yang, qui réclame ce rééquilibrage par son envers et son complément.

Corps émotionnel

Pas étonnant qu'il y ait quelque chose de la sage « Grand-Mère Feuillage » chez cette femme qui a eu 1 000 vies en une. D'abord, avec sylvia-Sylvie, nous prenons un bain de forêt ; *Silvia*, c'était aussi le nom de la mère de Remus et Romulus, vestale et gardienne du feu sacré. *Tenenbaum*, sapin en allemand, nous parle aussi de sa branche généalogique et de la Shoah.

Son dernier personnage de roman, la psy de Cléopâtre, se nomme Méreretséger, « Celle qui aime le silence ». Le silence, Sylvie l'affectionne particulièrement, sauf avec ses patients évidemment, car il nous place au cœur de nous-même, au centre de notre corps, et ouvre vers l'infini des possibles.

Devient-on psy pour se soigner soi-même d'abord, avant de mieux soigner les autres ? Oui, répond Sylvie en toute humilité. Est-ce que nos corps sont juste traversés par nos émotions ? Non, il se pourrait même que la joie, la tristesse, la peur, la colère les tatouent de manière indélébile, aussi longuement que l'encre sur la peau, comme chez ses ancêtres. Voilà l'héritage.

Ce corps, résidence principale des émotions

Sylvie Tenenbaum

Psychothérapeute durant quarante ans.

Auteure d'une trentaine d'ouvrages de psychologie dont *Les Hommes naissent libres et égaux... et les femmes ?*, *Se libérer de l'emprise émotionnelle*, *Vaincre la dépendance affective*, *Tantôt victime, tantôt bourreau*... et d'un roman historique, *Le Divan de Cléopâtre*

J'étais une toute petite fille, souriant à la vie, joyeuse, plutôt éveillée. Une grand-mère (de cœur, n'ayant pas connu les « vraies »), qui habitait une maison proustienne près des rives de la Saône, me disait que j'« irradiais quelque chose qui n'était pas de mon âge ». Le verbe irradier me plaisait, même si je ne le comprenais pas.

Je dois à cette institutrice en retraite les bases d'un socle narcissique pas trop défaillant (avec ses fragilités, l'estime de soi a connu quelques pannes), un goût prononcé pour les vieilles maisons et la certitude qu'un jour je serai auteure. Mon regard, disait-elle, était « appuyé et aigu ». Chez elle, les bras croisés sur ma petite chaise basse blanc cassé au dossier très haut, canée de belle façon, je suivais les conversations des adultes, les observant avec acuité. Les mots et les gestes, les regards. Je comprenais les allusions dues à ma présence car je savais très bien jouer à l'enfant naïve, même un peu sotte. J'aimais les voir s'attendrir devant cette petite fille blonde aux joues rebondies et au teint clair. Mais à part cette Mamie choisie, personne ne me connaissait, ne savait ce que je vivais. J'étais sage, jouais souvent seule, imaginant des mondes où je pouvais exister pleinement. Sinon, j'aurais peut-être parlé des terreurs qui, dès 5-6 ans, brisaient mes nuits en une suite de réveils et d'endormissements pénibles, le cœur battant à tout rompre.

J'ai débuté une thérapie à 30 ans. Mon père venait de s'éteindre après une année durant laquelle, sachant qu'il était condamné par un myélome, mon sommeil fut remplacé par une constante oppression. Ma thérapeute voulait orienter mon travail sur ce deuil et j'en ai vite cherché un autre pour m'aider à extirper mes émotions du bunker où elles étaient tapies. Plus ou moins consciemment, je craignais qu'elles ne me détruisent. Mes peurs rationnelles débutent dès ma naissance. Enroulé autour de mon cou, le cordon ombilical m'étranglait alors que j'avançais vers la lumière. Mon fil rouge émotionnel débute par une angoisse de mort.

Enfant et jeune adolescente, je connaissais aussi la tristesse et l'exprimais. Mais à force d'être la risée de ma fratrie, j'ai appris à contenir mes larmes. Mes parents souriaient à ces moqueries : « Elle est bien sensible, notre petite Ninon… » Mon rêve : un visage aussi impassible qu'un Bouddha, sourire intérieur compris. Une illusion ! Je ne montrais que la joie, l'enthousiasme, la compassion et la colère, bien que fort atténuée et de façon détournée. Je préférais une ironie mordante, pas toujours très charitable. Je me souviens d'un déjeuner dominical. Le dessert avalé, mon père demande : « Les filles, vous pouvez débarrasser. » Je me suis levée, j'ai empilé les assiettes et… me suis fort « malencontreusement » pris le pied dans le tapis. Les assiettes furent brisées, j'ai eu droit au fameux : « Monte dans ta chambre ! » Lors, malgré les apparences, mon corps a fini par protester. Asphyxié par trop de ressentis pénibles accumulés année après année, il rejetait le trop-plein dans de fréquentes nausées nocturnes, jusqu'à l'adolescence. Je me souviens de ces nuits où, ne voulant réveiller quiconque, j'allais à tâtons vomir ce que je ne supportais plus. Mes parents l'ont toujours ignoré. Sauf une fois, vers 10 ans, mon père médecin m'a entendue. Il a décrété un foie fragile et m'a privée de chocolat…

Les peurs étaient bien là, qui me minaient. Certaines dues à mon environnement familial. Un grand frère que rien n'amusait tant que jouer à me faire si peur que je m'évanouissais. Pendant les parties de cache-cache, en grattant à ma porte fort tard dans la nuit…

Par malheur aussi, un grand frère vicieux. Très fier de sa turgescente puberté, il me l'exhibait. J'avais à peine 11 ans et fuyais, effarée. Ma réaction le mettait en joie. Il ignorait qu'à la suite de ces étalages de virilité naissante, je passais la nuit à vomir. Et la colère de mon père ! Froide, à vous geler le sang. Cet homme (la terre lui soit légère !), d'ordinaire plutôt calme, m'a terrorisée durant plus de vingt ans. Rares, ses colères étaient cruelles et froides. Seuls mes frères avaient droit aux coups de ceinture – qui ont cessé quand sa dignité l'a empêché de les poursuivre. Ils couraient plus vite que lui. « On ne frappe pas les filles », disait-il. Bien. J'aurais préféré une gifle à ces yeux bleus qui pâlissaient, durs et impénétrables comme des glaciers. Et son silence ! J'avais l'impression, si attristée, qu'il ne me voyait plus, que je n'existais plus pour lui durant parfois toute une semaine. Il m'effaçait. Une mauvaise note suffisait à me rayer de son monde. Enfant et adolescente, je ne souris sur aucune photo.

Le tourment d'autres frayeurs est tombé sur moi quand j'avais 9-10 ans. Un événement a enfoui en moi des peurs comprises bien plus tard. J'ignorais pourquoi il m'était impossible d'aller dans une cave ou d'être seule la nuit dans une maison isolée, sur un chemin de campagne ou en forêt. J'avais des accès de panique incontrôlables. À hurler. Et je n'ai jamais pu conduire à la nuit tombée, une vague de terreur absolue me submerge encore. Ainsi, durant plusieurs décennies, pour prolonger la lumière jusqu'à l'aube naissante, je reculais le moment d'aller me coucher.

La nuit me terrifiait sans que j'en aie conscience. Je jurais même que je l'adorais… Ah, déni, quand tu nous tiens !

Longtemps refoulé, cet épisode est devenu un souvenir très incomplet. Ma mère, une femme-enfant insouciante et joyeuse, a voulu que j'aille à la cave porter un casse-croûte à l'homme chargé d'y mettre de l'ordre et de la nettoyer. Un inconnu vivant au bord d'une rivière où j'aimais me promener. Aux beaux jours, des groupes de SDF (appelés clochards) passaient la journée adossés à des arbres, une bouteille de vin entre les jambes. Je leur souriais, ils n'avaient pas l'air méchant. L'un d'eux est venu demander l'aumône à ma mère connue pour leur ouvrir sa porte : elle les nourrissait, leur donnait de quoi se vêtir (au grand dam de mon père quand il ne trouvait plus certains vêtements). Ce jour-là, elle avait besoin qu'il s'occupe de la cave en échange d'un repas et d'un peu d'argent.

Vers midi, elle demande à Thérèse, l'employée de maison, de préparer un casse-croûte pour que je lui apporte. Tout en ignorant que j'étais pétrie de peurs, car je n'en parlais pas. Au bas des marches, le cœur battant, j'ai réussi à pénétrer dans cet antre noir. Les contours des tas de charbon, de la chaudière et des claies où étaient rangées des bouteilles de vin, étaient flous. Un seul soupirail, par où le charbon était livré, offrait avec réticence un semblant de clarté. Une ampoule jaunâtre soulignait la noirceur du lieu. Je n'ai qu'une image très vague de cet homme sur un tabouret : une silhouette. Une peau, un visage, des mains, des vêtements noirs de poussière de charbon et de crasse. Je suis restée à quelques pas de lui :

« Monsieur, je vous apporte votre casse-croûte et de l'eau.

— Merci, ma mignonne. Viens, viens plus près, assieds-toi sur mes genoux. »

N'osant pas dire non, je me suis approchée. Trente ans plus tard, un flash a jailli : je suis assise sur les genoux de l'homme noir, il passe une main sous ma jupe. Puis plus rien, à tout jamais. Le noir le plus profond. Je ne me souviens que du bain que Thérèse, très inquiète du si long temps passé à la cave, m'a donné après m'avoir appelée. J'ignorais que la terreur avait pris possession de mon corps.

À tel point que, depuis, j'ai éprouvé de plus en plus souvent des douleurs musculaires d'intensité variable mais bien réelles, et toujours ces nausées (les crises de foie !). Peut-être n'ai-je plus voulu regarder le monde tel qu'il était, car dès le CM1, je suis devenue myope comme une taupe. Jusqu'à 13 ans, j'avais une chambre sous les combles, juste à côté du grenier. Pour l'atteindre, je devais monter deux volées d'escaliers, marcher le long de couloirs biscornus. J'y allais avec mon chat tenu à bout de bras avant chaque coude. Son rôle : m'avertir d'une présence non désirée. Et que de frayeurs la nuit, pourtant adulte, seule dans une maison de campagne loin de toute habitation. Toutes lumières allumées jusqu'au matin, je disposais des « armes défensives » dans mon lit : tisonnier, pelle… Les portables n'existaient pas.

Les peurs dues à la froide autorité de mon père et à l'épisode dans la cave se sont généralisées à la gent masculine. Avec un désir de volupté, bien vivant, j'allais volontiers vers les garçons puis les hommes qui me plaisaient avec l'espoir, inconscient, qu'ils répareraient mes blessures d'enfant. À la seule idée des tendres délices partagées, mon corps ne souffrait plus. Étonné et heureux. Au lieu d'écouter mes peurs quand j'étais éprise (ou le croyais), je me trompais sur le sens des chamades de mon cœur : des avertissements. Cette surdité m'a fait vivre des situations pénibles. À 18 ans, je « tombe » (la chute décrit bien l'histoire) amoureuse d'un homme qui avait le même regard glacial que mon père. Violent verbalement et en actes, il me terrifiait tant que j'ai voulu disparaître « pour de vrai ». Les gentils, je ne les voyais pas. J'étais attirée par ceux qui abuseraient de cette soumission acquise, un jour, au fond d'une cave.

D'autres effrois « hérités » se sont aussi manifestés par des cauchemars récurrents, fréquents. J'avais à peine 5 ans quand ils ont débuté. Puissants, obstinés, ils bousculaient mes nuits avec fracas. Dans le premier, une vieille femme veut couper le nez de mes frères et de ma sœur, le mien compris. Il est très simple à expliquer : née dans une famille de Juifs ashkénazes juste après la dernière guerre, mes parents et leur parentèle ont vécu de longues années dans la terreur. Traqués, ils fuyaient encore, se cachaient, avec la hantise d'être dénoncés. Une frayeur déjà nichée en eux, nourrie par les récits terrifiants sur ce qui se passait « là-bas ». Elle les avait tous minés, comme tant d'autres. Des cousins, tantes, oncles furent déportés, exterminés. J'ignorais alors cet holocauste mais je portais leurs peurs en moi. Le second cauchemar, violent et familier durant fort longtemps, me réveillait épouvantée, piétinée par des fantômes. Il me faisait revivre les assauts menés par des Cosaques à cheval. Bien plus tard, j'ai su que la famille de mon père venait de Berditchev, petite ville de Bessarabie (aujourd'hui l'Ukraine) célèbre depuis des siècles pour ses pogroms.

Il y a une petite dizaine d'années, j'ai appris ce que la neurobiologie avait découvert : l'ADN des personnes qui vivent un traumatisme (l'imminence de la mort, vécue ou en spectatrices) est modifié. Cette mutation se transmet sur plusieurs générations. Tout s'est éclairé. L'effroi de mes aïeux puis de mes parents avait modifié leur ADN, puis le mien, ajoutant des peurs aux peurs. Tels des spectres immortels qui auraient traversé le temps, réanimés au fil de l'Histoire. Ce sont les peurs transgénérationnelles qui passent ainsi en secret de génération en génération. Plusieurs thérapies, facilitées par les révélations historiques, m'ont permis de reconstituer le puzzle émotionnel qui abîmait mon corps. Les effets des peurs sur le physique sont une évidence. Elles se manifestaient par des douleurs, des évanouissements (pertes de conscience pour un peu de répit). Et les nausées. Avec d'autres inconvénients, survenus très tôt : hypertension, hypothyroïdie, fibromyalgie, etc. Or très longtemps, souffrante ou malade, je gardais le silence, une habitude prise dès l'enfance. Peut-être savais-je, inconsciemment, que mes parents avaient eu leur lot d'inquiétudes ? Sourire le jour et sangloter la nuit. Le plus handicapant, c'était la soumission de la femme amoureuse : je devenais une autre, inconnue, dont les attitudes et comportements me déroutaient. À me dégoûter de moi lors de chaque abdication. La véritable Ninon disparaissait comme devant l'homme noir et son père. Alors que rien dans ma personnalité ne s'apparente à la résignation : je suis une révoltée. Je vivais alors des stupeurs inhibitrices dans mon corps et ma psyché : ma naissance, la cave, mon frère, mon père, les Cosaques, les nazis, etc. : des peurs consubstantielles qui m'ont longtemps empêchée d'être authentique devant ces hommes.

D'autres peurs transgénérationnelles sont également à l'œuvre, partagées mais secrètes. Toutes, ou presque, les femmes occidentales ont, plusieurs siècles durant, subi les affres de l'Inquisition[1]. Pas une Française, une Espagnole, une Allemande, une Anglaise (entre autres, les sorcières de Salem, aux USA, sont célèbres), qui n'ait dans ses ancêtres une femme traquée comme un animal, torturée, oubliée dans un cachot ou brûlée. Pour cause de sorcellerie. (Ce sont bien les sorcières que l'on pourchassait, pas de « chasse aux sorciers » !) Pas une femme, pendant cinq cents ans, qui n'ait eu une mère, une grand-mère, une fille, une sœur, une

1. Isabelle Sorente, *Le Complexe de la sorcière*, Lattès, 2020.

voisine victime de cet interminable féminicide. Parce que nées femmes, elles ont été assassinées par dizaines de milliers pour la simple raison qu'elles étaient des femmes. Dangereuses pour la chrétienté, la royauté ! L'Inquisition a débuté au XIIIe siècle et, en Espagne, n'a été abolie définitivement qu'en 1834. En France, le dernier procès d'Inquisition a eu lieu au XIXe siècle. Naître femme : un arrêt de mort, en particulier dans les campagnes. Surtout si l'on était jeune, indépendante, ou vieille et inutile. Dans la bouche des inquisiteurs, le mot femme n'était qu'une injure. Toutes ces guérisseuses et ventrières (sages-femmes) soignaient. Elles en périrent sur les bûchers.

Le corps et la psyché de leurs descendantes s'en souviennent. Honte, terreur, colère, sentiment d'impuissance devant le pouvoir masculin, difficultés à s'affirmer, à se faire respecter, à écouter leurs désirs et leurs rêves, à choisir leur vie, sont en elles. Leur impact est variable mais bien là, gravé. Les femmes ignorent ces anciennes blessures ! Conditionnées de génération en génération, elles s'épuisent dans une étrange incapacité à désobéir, s'écouter, se rebeller. Alors qu'il suffit qu'un thérapeute leur explique ce formatage : ce secret enfin révélé, les consciences se libèrent de plusieurs siècles d'asservissement. Il n'est que temps ! Elles se donnent alors la permission de prendre leur essor, se sentent légitimes. Une légitimité niée, oubliée dans le brouillard des siècles passés. L'histoire des femmes est celle de leurs terreurs et de leur nécessaire soumission pour tenter de survivre. Certains diront peut-être que quelques siècles ne sont rien au regard de l'Histoire. Ils ignorent tout des liens corps/psyché, méconnaissent le pouvoir de la mémoire inconsciente (émotionnelle, événementielle, traumatique, etc.) depuis le tout début de chaque lignée, avec ses conséquences psychiques, physiques et comportementales. Les souvenirs conscients sont si peu de chose. La thérapie transgénérationnelle délivre des fantômes du passé.

Ces femmes sont remplies d'un effroi inscrit dans leurs gènes. Elles se soumettent après des siècles de violence physique et psychique née de l'ignorance et de la soif de pouvoir, de contrôle, encouragée par des *a priori* religieux, scientifiques, le patriarcat et le sexisme. Elles abdiquent, se croient inférieures par nature. Seules le soir ou la nuit, elles tremblent dans la rue et les transports. Ou restent avec un homme violent (meurent trop souvent sous ses coups. Les chiffres sont navrants). On tue encore des femmes parce qu'elles sont femmes. Célibataires ou âgées («vieille» est une insulte), elles endurent le mépris. Comment sortir des conditionnements quand chaque rencontre amoureuse ramène la peur, une attitude de docilité, l'effacement? Le sexisme actif, les abus (je ne parle que des pays occidentaux), malgré de réels progrès, les rabaissent encore. Chaque parole sexiste, harcèlement, insulte ou abus sexuel ravive l'ancienne honte d'avoir été exhibées nues en salle de torture. Ce n'est qu'en 1970 que le viol a été nommé crime! Dans *Femmes qui courent avec les loups*[1], Clarissa Pinkola

1. Le Livre de Poche, 2001.

Estés décrit de façon magistrale le prédateur intérieur tenace et féroce qui encombre la psyché des femmes. Ce prédateur est un inquisiteur pérenne et intériorisé : il menace, fait douter, manipule, torture, condamne, guide leurs choix amoureux. Comment ne pas être attirée par des hommes qui lui ressemblent ?

Malgré cette aliénation au pouvoir jalousement gardé par le masculin, je reste persuadée que de plus en plus de sorcières renaîtront, renaissent déjà, assumant leur différence (l'altérité fait si peur), réhabilitant leur intuition (ces messages venant de l'inconscient). Beaucoup d'hommes commencent à respecter le féminin. Leur chemin ne sera pas simple, mais je fais confiance aux femmes pour les soutenir et les guider dans les nombreux tris à faire dans leurs croyances. Le petit livre de Nicolas Mathieu, *Rose Royal*[1], décrit si bien le malheur d'aimer un prédateur : il est heureux qu'un homme en soit l'auteur. Lorsque j'entends parler de très jeunes filles, je suis stupéfiée : elles osent revendiquer leur liberté de rester qui elles sont face à un garçon qui les attire. Libres dans leur corps, leurs pensées, leurs paroles, leurs actes, l'expression d'elles-mêmes. Sans se transformer en tanagras, ces petites choses fragiles, faibles et résignées, comme leurs mères pour certaines, leurs grands-mères plus sûrement. Une permission majeure. Déjà sages ! Un bonheur. Que notre société ne les abîme pas ! Qu'elles s'épanouissent dans leurs aspirations en conservant leur intégrité. Ces adolescentes réaniment leurs lointaines aïeules, les

1. Atelier Ins, 2019.

sorcières vivant en elles. Si elles ne sont pas la majorité, elles sauront initier un mouvement de plus en plus vaste afin que, plus jamais, naître fille ne représente un danger.

Le secret *doit* être levé. Il faut les délivrer de ces blessures-là. Notre mission, en tant que femmes, est d'opérer en elles une alliance corps-esprit en un cercle vertueux. Le poids des anciennes terreurs s'allégera dans leur psyché et leur corps, n'encombrera plus leur vie émotionnelle. Guérie, leur mémoire ne gardera de ces atrocités que les transmissions utiles : la compassion, la soif d'apprendre et de soigner, l'indépendance. Leurs sens en éveil, curieuses du monde et de leur intériorité, la conscience ouverte pour choisir leur destin et le vivre pleinement, accepter les combats, se faire entendre. Leurs ancêtres s'en retourneront de plaisir dans leurs tombes. Tombes qui n'existent pas, leurs cendres ayant été répandues aux quatre vents. Qu'elles sachent qu'être une femme n'est ni une malédiction ni un handicap, que toutes les émotions sont des messages qu'il faut comprendre, écouter, exprimer. Sans honte ni crainte. Et que jamais, ô grand jamais, elles ne s'effacent devant quelque pouvoir qui les rabaisserait, voudrait les soumettre. Ce n'est pas un vœu pieux : j'y crois, et pas seulement parce que je veux y croire. Si ce n'est pas pour demain, c'est pour après-demain. La moitié de l'humanité ne vivra plus sous l'oppression d'hommes qui auront refusé d'évoluer. S'il est impossible de réécrire le passé, il est indispensable de le connaître pour le transformer en force car rien n'est jamais acquis. Avec Gisèle Halimi, qui s'est si bien battue pour donner aux femmes des droits essentiels, je dis à toutes les jeunes filles en fleur : « Ne vous résignez jamais ! »

Corps poétique

« La beauté est dans les yeux de celui qui regarde. » J'ai longtemps traduit cette phrase par le fait que la notion de beauté est totalement subjective : ce que je trouve beau, ma voisine le trouve laid. Le truc, c'est qu'il y a peu de personnes ou de choses que je trouve réellement laides.

C'est dans l'art que la beauté s'exprime le mieux, les artistes étant pour moi de véritables médiums, se promenant dans les divers mondes et captant l'inspiration avec leurs antennes. Et s'il y a des arts auxquels je suis moins sensible, ils me touchent tous, au minimum ils m'interpellent et m'interrogent. Calliope était la première des muses grecques et elle était poète. Le mot, le son des mots, leur vibration, la poésie leur donne chair, et à nous chair de poule.

EstElle, artiste dans l'âme, slame sa vie, ses joies et ses peines et j'aime que dans cet art oratoire poétique, le slam, tout son corps soit sollicité. Droite, alignée, le souffle maîtrisé, son chant des voyelles réveille nos cellules et nos consciences. Ce que l'esprit clame haut, le corps l'a vécu déjà. *Tu es un vivant poème*, comme le chantait Barbara.

Du corps à corps au corps accord

EstElle Penain

*Heart*iste et poétesse, autrice conférencière, cofondatrice d'Elliberty (société de productions & événements Culture et Bien-être), je porte ma voix/e de F-âme pour la mettre au service du vivant, de la spiritualité incarnée, de l'Amour essence de l'être.

Autrice de *Naître Fille, devenir Femme*

CORPS À CORPS

Pendant longtemps, j'ai été emprisonnée par l'idée de la séparation du corps et de l'esprit. J'ai passé ma jeunesse à détester mon corps. Me cachant sous des pulls trop grands et des vêtements unisexes, je m'empêchais de devenir femme. Je refusais que ce corps change. J'avais été désirée garçon à la naissance. Cela avait eu un impact psychologique de manière inconsciente sur toute mon éducation et ma vie de femme.

J'entrais dans le monde adulte avec recul. Je rejetais ma féminité et particulièrement le cycle menstruel, vivant cette purification naturelle du corps comme un tabou et une gêne parfois douloureuse que je ne comprenais pas. Je m'agitais en permanence, voulant vivre comme un homme, excluant toute possibilité de vivre mon cycle sereinement. Je ne voulais pas être femme mais je ne le savais pas.

Avec les épreuves, j'ai dû apprendre à lâcher prise, à regarder mes croyances limitantes, à arrêter de me juger durement. J'ai appris à m'aimer. Et alors, j'ai appris à aimer mon corps. Mais que d'années pour ne plus en faire un esclave… Être enceinte m'a réconciliée avec la vie. Depuis longtemps, je ne m'étais pas sentie aussi vivante. Puis la mort est venue dans mon utérus. Passant de la vie à la mort, ma perception du monde a changé. Particulièrement après le diagnostic d'une maladie incurable. L'endométriose m'a tellement fait souffrir qu'il a bien fallu que je m'en occupe, de ce corps. Il a fallu en arriver là pour que je daigne en prendre soin. Pour que je le traite avec respect. Le *mal a dit* que j'étais trop la tête dans les étoiles. J'avais oublié d'habiter mon corps, mes terres intérieures, tout en le maltraitant sans m'en rendre compte. J'ai réellement pris conscience que je ne voulais plus de maltraitance le jour où j'ai vécu des violences gynécologiques lors de consultations de routine ou de suivis de la maladie. Je savais que nous vivions dans une société où la violence faisait partie intégrante de notre rapport au vivant et donc au corps. Mais j'ai été choquée par certains comportements de soignants vis-à-vis de ma santé et de mon bien-être. Particulièrement le jour où j'ai perdu mon petit bébé de quelques mois. Le corps de la femme, la vie et la mort. Tout était là pour me montrer combien ces sujets soulevaient de la violence. Face à une lumière blanche et froide, je servais d'objet de consultation à des étudiants scrutant mon entrejambe sans grand respect, écoutant l'interne qui vérifiait mon utérus. Je n'existais pas. Ma peine, ma tristesse abyssale à ce moment de deuil, tout le monde s'en foutait dans cette salle de consultation. Comme je me suis sentie malheureuse, incomprise et désespérée par ce bébé parti trop vite. Ce jour-là, en rentrant chez moi, dans les bras de mon amoureux, j'ai dit stop à la violence infligée à mon corps féminin.

Il m'a fallu un long chemin pour aimer mon corps, pour lui redonner sa place d'honneur et faire alliance avec lui. Il m'a fallu aimer mes terres intérieures pour aimer le corps de la terre qui me nourrit. Aujourd'hui, je suis en phase avec lui. Je l'aime. Je lui parle et le chéris. J'ai compris que je ne pouvais pas être entière et équilibrée sans incarner ma spiritualité dans mon corps physique. Je devais laisser la loi de la gravité envahir mon âme. Seul mon corps pouvait me faire sentir vivante. J'ai également décidé d'en finir avec l'obsession de la pureté. La femme animale avait crié en moi, comme une louve un soir de pleine lune. Le corps devait se marier à l'esprit. Là au milieu, dans mon cœur. Car l'un ne pouvait exister sans l'autre. Sinon, je restais divisée et en souffrance. Mon corps est devenu un temple sacré pour réunir le haut et le bas, le masculin et le féminin, le spirituel et le profane, le divin et le sauvage désirant s'appartenir et s'entremêler pour vivre ensemble, reliés et non divisés, séparés. J'ai appris à être en harmonie avec lui et la nature. C'est donc naturellement que j'ai associé ma conscience et mon corps pour qu'ils marchent main dans la main, ce qui m'a apporté de la sérénité. Ainsi portée par cet art de vivre, je transmets aujourd'hui cette expérience. Poétesse au service de mon guide intérieur, je suis une accoucheuse sage f-âme donnant vie à ma profonde féminité. Écrivaine et autrice de *Naître fille, devenir femme*, j'explore la puissance du Verbe dans mes livres, chansons, chroniques, « conf'errances » poétiques et ateliers pour inviter des hommes et des femmes à s'engager sur ce chemin libérateur de reliance avec Soi-même, pour mieux vivre avec le monde et la nature, l'invisible et le visible. Faire la paix avec Soi, c'est faire la paix avec le monde, la nature, le vivant. Je marche ma parole et celle de mes guides pour clamer le chant des possibles, la conscience, l'amour, la quête de soi, la magie du Sacré, de la nature et la reliance Corps/Conscience que je vous invite à découvrir maintenant…

Mon corps, c'est quoi ?

Mon corps, c'est un programme vivant me permettant d'exprimer qui je suis.

Mon corps est composé de plusieurs parties dont chacune d'elles a une fonction physique et métaphysique.

Mon corps, ce sont des cheveux comme des antennes réceptrices qui parlent de ma force de vie, des yeux avec la capacité de voir et de percer le mystère de l'âme, des oreilles avec la capacité d'entendre et de recevoir le son de l'Univers, un nez avec la capacité de ressentir des personnes et sentir les effluves du vivant, des lèvres supérieures reliées à mon principe féminin, des lèvres inférieures à mon côté masculin, les deux réunies pouvant embrasser et savourer les douceurs de l'existence, une langue me permettant de goûter au sel de la vie, un cou flexible pour regarder la réalité sous plusieurs angles.

Mon corps, c'est une gorge permettant l'expression de mon langage et ma créativité, des épaules soutenant le poids des charges et des responsabilités, deux bras capables de câliner car ils sont le prolongement de mon cœur, tout en pouvant rester flexibles grâce à mes articulations.

Mon corps, ce sont des seins pointant vers la vie, symbole de la maternité et féminité, un utérus, mon foyer où tout prend vie, ma créativité et mes désirs.

Mon corps, c'est une matrice pour accueillir la Vie, un être de chair et d'os.

Mon corps, c'est un dos droit me soutenant comme un capitaine de navire, un estomac pouvant digérer nourritures et idées, une peau faisant le lien entre l'intérieur et l'extérieur me protégeant des agressions tout comme accueillant les caresses.

Mon corps, ce sont des intestins faisant circuler la nourriture ou la retenant selon mes émotions, un pancréas siège de la joie et un foie, siège de la critique.

Mon corps, ce sont des jambes pour avancer dans la vie, des genoux flexibles entre le Je et le Nous, des pieds me permettant de me diriger, marcher sur la terre et portant le poids de tout mon être.

Mon corps, ce sont des os, un squelette structuré avec une intelligence répondant aux lois et principes du monde, des reins irriguant mon corps d'une eau purifiée mais où peut siéger la peur.

Mon corps est un chef d'orchestre organique intelligent me rappelant que tout est éphémère. Tout ce qui tombe au sol pourrit. Mon corps est mortel, vulnérable, et j'en suis responsable.

Mon corps me crie d'en prendre soin, de le purifier, de l'éveiller.

Mon corps m'offre le pouvoir de respirer, méditer, chanter, manger, déguster, aimer, attraper, faire l'amour, danser, nager, courir… Vivre !

Mon corps, c'est la possibilité de goûter aux émotions, à l'amour, aux sentiments, de se sentir vivant.

Mon corps physique est accompagné de corps énergétiques invisibles à l'œil nu.

Mon corps est le messager de mon âme, cette part de moi invisible devenue visible grâce à Lui.

Mon corps est autant un temple pour accueillir le silence qu'un véhicule pour me déplacer dans le bruit du monde.

Mon corps est la manifestation du Divin depuis que j'ai ouvert la porte de mon cœur.

Mon corps est ma maison dont je prends soin pour accueillir la beauté et l'harmonie si je ne le détruis pas avec des mauvaises pensées.

Mon corps est beauté si je l'accepte dans toute sa vulnérabilité.

Mon corps est la vie en mouvement dans cette réalité, l'expression du vivant pour grandir, évoluer, pardonner.

Mon corps est le sésame pour me mouvoir, manifester mes rêves et mes désirs, un jardin dans lequel je peux faire pousser de magnifiques fleurs.

Mon corps est un serviteur, un médium où parle l'Éternité dans cette réalité, un trésor précieux pour exprimer ce qui se passe à l'intérieur de Soi.

Mon corps est entouré d'influences astrales entre les forces complémentaires du féminin et du masculin, désirant se relier à la Lumière dont il a faim et soif.

Mon corps est la chose la plus précieuse au monde, mon meilleur ami sans qui je ne pourrais pas vous écrire car c'est grâce à lui que l'Esprit peut se manifester sur Terre.

Mon corps est un temple accueillant la Conscience, la Vie incarnée. Je suis Gardienne de cet instrument sacré.

Mon corps est un univers à lui tout seul, changeant en permanence comme une rivière, me rappelant que je suis la jardinière de mes pensées.

Mon corps, c'est la Conscience dans une forme. L'Esprit, c'est la Conscience psychologique.

Mon corps, c'est l'inspiration et l'expiration de la Vie. Le moment entre les deux, c'est Dieu dans l'instant présent.

Mon corps, c'est la réponse à notre course en avant. Tout est déjà dans le corps. Il nous dit de nous arrêter et de ressentir au lieu de faire tout le temps.

Mon corps, c'est l'espace de mes souffrances et de mes plus grandes joies.

Mon corps, pardonne-moi de t'avoir abandonné si longtemps, perdue dans mes pensées et dans l'action.

Mon corps, je suis de retour grâce à toi. Je te reconnais et t'honore. Mon corps, je me réconcilie avec toi. Je t'aime. Mon corps, merci d'être le siège de mon âme.

Maintenant, je vous invite à partir dans le voyage intérieur de réconciliation avec mon corps, par le langage poétique de mon âme. Du corps à corps au corps accord.

CORPS ACCORD

Je suis une âme et je descends sur Terre
J'arrive par l'Esprit pour m'incarner dans un corps
Un petit fœtus qui va grandir dans sa mère
Un embryon inconscient de ce monde en guerre.
Première contraction, je refuse de venir
Mon cordon s'enroule autour de mon cou
Je dois me retourner pour pouvoir sortir
J'arrive à reculons dans ce monde de fou !

Première respiration, tête en bas et fessée
Pour me faire respirer, me voilà violentée !
Premier contact humain avec ce corps
J'aurais choisi de venir, ai-je eu tort ?
Naître fille désirée garçon
Voilà déjà ma première leçon
Pas bienvenue la fille

Dans ce monde en vrille…
J'attache ma ceinture
J'ai l'air d'une bavure
Enfance difficile
Entre cris et mépris.
Graine qui va devenir arbre
Mes racines n'arrivent pas à se planter
Ce corps grandit, je vis en déséquilibre
Homme femme, je suis deux moitiés isolées…

Ce corps reçoit tant d'injonctions pas à pas
Descente aux enfers, me perdre, me détruire
Me laisser engloutir jusqu'au trépas
M'enivrer, me cacher ou bien fuir…
Ô corps, combien je te malmène
Te donnant nourritures impures
J'obéis aux croyances de la haine
Ignorante de sagesse pas encore mûre…

Dans cette guerre entre toi et moi
C'est toujours toi qui gagnes en vérité
Corps à corps, je suis aux abois
Je flanche, me voilà alitée…
Touchant le fond, mon corps gémit
Se tord, se contorsionne, me supplie
Pourquoi te donner tant de souffrances
Toi le meilleur ami de mes confidences ?

Le mal a dit d'habiter ma maison
Changer de vie, honorer mes passions
Réaliser qu'il est l'heure de l'union

J'apprends enfin la compassion…
Un fœtus dans mon ventre, être maman, ma mission
Je sens enfin ce corps trouver sa vocation
Émerveillée par son intelligence, je reprends
Goût à la vie, me sentant si vivante, quelle émotion !

Mais doux bébé décide de partir
Ce petit nid est trop hostile
Mon corps ne peut le soutenir
Je me sens tellement inutile…
Plongée de nouveau dans le chaos
Me voilà désemparée et sans Éros
Être femme sans donner la vie
Serais-je donc une femme impie ?

Remontée douloureuse et résiliente
Chemin de croix pour me libérer
Pour apprendre la vie, à l'aimer
Pour habiter ma maison agonisante…
Mon corps, tu me montres ma vérité
Tu deviens malade par mes luttes
La guérison demande de l'authenticité
Tu fais tout pour éviter la chute !

Tu m'aides à trouver ma propre voie
Désobéir à ce que l'on veut de moi
Pour laisser parler mon unique voix
Mourir ou vivre, c'est mon choix…
Maternité obligée, sexualité débridée
Mère ou putain, est-ce mon destin ?

Je veux crier mon authenticité, ma vérité
Être qui je veux en toute liberté…

Je crie alors toute ma peine
Retrouvant mes vies d'Indienne
Me fondant dans la nature
Devenant louve et plus mature…
Sous la lune et le tambour
Je renoue avec mes amours
Amérindienne, je l'ai été
Le temps de sortir de l'apnée.

Par cette écoute, j'entends
Mon corps, cette entité dépend
De mon amour pour lui fait jaillir
Le sens sacré de son désir
D'exister dans sa totalité.
Le corps est plusieurs entités
J'apprends à connaître mes corps
Ils sont plusieurs à prendre corps.

Le seul corps visible à mes yeux
C'est mon physique merveilleux
Cette machine à particules
Une multitude de cellules
S'agitant dans une rotation
Permettant toutes mes actions
Dans la matière, dans le vivant
Je vis, j'existe dans le mouvement…

Mon corps physique a besoin de santé
Bonne alimentation, sommeil à volonté
Respiration prana et bonnes pensées
Nourrissent ce véhicule, mon entité
Je fais confiance à son intégrité
Je m'observe à ses côtés
Il me parle en toute honnêteté
Pour me révéler mes vérités…

Ce corps a été créé
Pour nous servir à éclairer
Nos émotions et nos pensées
De notre âme incarnée
Dans un véhicule à deux pieds
Afin d'apprendre à nous aimer
À nous connaître pour mieux être
Par ce corps-là, je peux renaître…

J'écoute tous mes corps animés
Émotionnel, mental, causal
Bouddhique et christique assemblés
En un corps, plusieurs entités
J'apprends à les écouter
À les réunir, les marier
Ensemble ils se sont retrouvés
Créant ainsi harmonie et santé.

La maladie a forcé mon corps à l'aimer
À l'accepter, le chérir, le féconder
Unir l'âme à mon corps prédestiné
Pour vivre ensemble dans l'unité.

Je me suis réconciliée avec mon corps
Quand j'ai accepté d'être incarnée
Pleinement vivante, pas à moitié
Mon âme, ma douce félicité incarnée…

Ma *gai-ri-son* a commencé le jour
Où j'ai accepté mon féminin
Aimer être femme, je l'ai appris
En prenant soin de mon temple
Mon corps, mon meilleur ami
Toi, tu m'as montré l'exemple
En écoutant ce que tu me dis
Mon âme et Toi sont devenus couple…

Mon corps me rappelle comme il est bon
De ressentir par tous ses sens en ébullition
Eau, Terre, Air, Feu, Éther, voilà sa constitution
Une poussière d'étoile en pleine ascension…
Par mon sexe, l'eau de la Source jaillit
Extase de l'union au plaisir divin
Comme une coupe, je deviens le lit
De l'orgasme, une fontaine au féminin…

Féminin sacré, notre part reliée à la Mère
Connectée aux cycles de la nature
Qui aime le vivant, la création sur Terre
Masculin sacré, notre part reliée au Père
Connectée à la matière en action
Essence de ma réalisation
Homme ou femme avec nos deux polarités
Masculin Féminin équilibrés alors réalisés.

Mon corps méprisé dans son féminin
Entaché par des siècles malsains
Où seule la raison faisait frein
À l'intuition, ce n'est pas rien!
Je retourne dans mon écrin
Réveiller mon grand féminin
Propulsé par mon masculin
Ensemble, ils accueillent le divin.

L'un a besoin de l'autre
Complémentaires et nécessaires
Beaux dans leur égalité
Ni mieux ni moins bien
Chacun a son utilité
En oublier un
C'est vivre à moitié
J'aime mon entièreté…

Mon corps, véhicule terrestre, est une loi
Loi du vivant, je suis une femme
Si je manque terriblement de foi
Je coupe alors le corps et l'âme…
Dieu Père Mère m'a offert ce corps
Pour explorer la vie, y mettre de la lumière
Par mon corps, je vaincrais la mort
Par mon corps, je clamerais mes prières.

Mon corps est la manifestation de la Vie
Si je le maltraite, je maltraite la Vie
Mais qu'est-ce que la Vie?

N'est-ce pas Dieu Père Mère ici ?
Dans ce monde ténébreux, je suis en vie
Je ne veux plus être en résistance avec la Vie !
La Source créatrice m'a donné l'Esprit
Une âme habitant ce corps le temps d'une vie.

Sur Terre, le Père Esprit insémine la Mère Matière
Enfantant l'humain locataire de la Terre.
Dans ce monde, anagramme de démon,
l'âme devient chair
Pour éclairer les ombres assoiffées de lumière.
Je ne suis pas là pour être une âme légère
Puisque c'est là où je vivais naguère
Ici, j'explore l'essence de mon corps
Ce temple, mon véhicule pour sortir de l'Éther…

Est-ce la mémoire de mon âme libre
Devenue esclave d'un corps dans cette réalité
Qui m'a fait détester ce corps enchaîné
Au lieu de continuer ma vie éthérée ?
Mon âme, voit-elle le corps comme une ombre
Un espace étroit où elle est enfermée
Un lieu où la liberté est diminuée ?
Âme, pourquoi détester cette ombre
Ce corps limité, lourd, vulnérable dans la gravité ?

Ma voix, mon souffle, ma parole d'or
Voilà la Vie incarnée de mon Père Mère…
Ô Rituel pour donner forme à la conscience
À nos rêves, nos intentions et nos prières
Mon corps est le rituel de Dieu Père Mère

Pour exister dans cette ténébreuse réalité
L'Éternel a besoin d'un corps pour exister
Pour explorer sa beauté et ses potentialités…

Ne serais-je pas en train de me prendre pour Dieu
À vouloir contrôler la Vie, cette réalité d'ici ?
Je ne veux plus aller contre le mouvement de la Vie
Non je ne suis pas Dieu Déesse, c'est un jeu
Où je suis une pièce du puzzle de la partie
En train de se jouer entre Terre et Cieux…

Pour traverser l'obscur avec facilité
Lui donner à boire du vin délicieux
Celui venant des vignes de l'Adoré
Pour qu'un jour, il soit curieux
De retrouver sa réelle félicité…

La Terre Mère m'a offert ce corps
Enfant des étoiles par l'Esprit âme
Et de la Terre par mon corps
Ce corps est un jardin de Femme
Je sème en lui mes graines de la vie
Je les arrose de ma conscience, mon âme
Si je sème de la haine, je récolterai des soucis
Si je sème de l'amour, je serais pleinement femme…

Gratitude à toi, Ô mon Corps
Ignoré longtemps, découvert d'abord
Un moment dans ma tête, tu étais mort
Mais ma conscience s'est extraite de ce mauvais sort
Pour ensemble, transformer le plomb en or

Se nourrir de lumière encore
Ce corps vaut de l'or
Car le Royaume des Cieux arrive dans ce corps
Parce qu'il n'y a pas d'âme qui dort
Quand la Lumière œuvre dans le Corps…

Corps énergétique

Thi Bich pratique depuis quarante ans les arts martiaux, asiatiques et russes, la méditation, et pour elle le corps et l'esprit sont liés de manière indissociable. C'est ensemble qu'ils nous font avancer. C'est grâce à ces disciplines aussi enseignées qu'elle a développé ce qu'elle appelle les capacités perceptives directes de son corps. L'intelligence du corps est, selon elle, largement sous-estimée dans nos sociétés. Pourtant notre corps « sait » avant notre esprit. L'IRM démontre d'ailleurs qu'il le « sait » quelques nanosecondes avant même que l'information soit reçue et analysée par le cerveau.

Un peu à la manière des poupées russes, nous avons, pour l'Orient, plusieurs corps dans notre corps, sept au moins, du corps physique au corps spirituel en passant par le corps astral, ce qui fait parfois sourire l'Occident de toutes ses dents. Pourtant, l'idée d'un « corps énergétique » fait doucement son chemin dans les disciplines scientifiques et médicales.

Savoir guérir de son passé

Thi Bich Doan

Docteure en philosophie (sur l'expérience perceptive directe), diplômée d'un master de sciences cognitives et d'une licence de psychologie, praticienne en soins holistiques, coach de vie, professeure d'arts martiaux, formatrice en conscience corporelle.

Auteure de *Un an entre les mains de l'univers*, *La Cohérence cœur-corps-esprit*, *À l'heure des synchronicités*, *L'Oracle cœur-corps-esprit*

Je marche dans le Jardin des Plantes, comme je le fais régulièrement pour me rendre de la gare d'Austerlitz à l'université de Jussieu. Après une année de Math sup, j'ai préféré étudier plus tranquillement à la fac. J'étais excellente en maths, assez bonne en anglais, moyenne en physique et nulle en chimie. Mon début d'année de prépa avec des 20 en maths et des 0,5 en chimie me représente parfaitement : je suis quelqu'un qui s'équilibre par les extrêmes.

Dans ce magnifique jardin, entre les vieux arbres et les jolies fleurs, je laisse ma sensibilité s'ouvrir. Ce que je ne comprends pas, c'est qu'en marchant devant certains bancs, une tristesse incommensurable m'envahit. J'ai l'impression de déprimer alors que tout va plutôt bien en cours. Je travaille moins qu'en prépa, je passe beaucoup de temps au café, à discuter d'arts et de littérature, à repenser le monde. Une douzaine d'étudiants beaux et intelligents me tournent autour, mais je m'en fiche royalement. Je n'ai d'yeux que pour un garçon en habit militaire dont je ne sais pas s'il est intéressé par moi. Malheureusement, le jour où il s'est rapproché, au lieu de l'accueillir je l'ai repoussé.

Quelques mois plus tard, afin de soigner ce pour quoi j'étais si affligée en regardant non pas les bancs, mais les personnes qui étaient assises dessus, je suis dans une consultation hospitalière d'un service de psychiatrie. En face de moi, une demi-douzaine de blouses blanches me scrutent et me posent des questions. Mon corps se recroqueville dans une position inhabituelle, les pieds en dedans, le dos voûté, la tête baissée. Mon discours est hésitant et quasi inaudible. Je ne me reconnais pas. On dirait qu'ils me télécommandent et que je m'observe de l'extérieur bouger comme une marionnette sans âme. On me conseille de reprendre rendez-vous. Je n'y retournerai pas. J'ai lu dans leurs pensées des catégories du DSM (Manuel diagnostique et statistique des troubles mentaux) qui ne ressemblent pas à ce que je vis. Pour ne pas subir les ondes négatives venant de l'extérieur, je lis et je m'évade dans des mondes imaginaires comme je l'ai toujours fait, mais surtout j'ai en permanence mon walkman sur les oreilles. Petit à petit je monte le son sans m'en apercevoir, jusqu'au moment où je n'entends plus bien, j'ai des bourdonnements dans les oreilles et l'impression d'entendre tout de très loin. Je devais avoir dans les tympans le volume sonore des baffles étourdissantes de boîtes de nuit. Inconsciemment, j'ai eu le résultat recherché, m'étourdir de musique plutôt que de mourir de désespoir.

Longtemps, j'ai cru qu'il s'agissait de mon désespoir et de mes négativités. Ça l'était en partie. Après des années de travail sur moi, j'ai enfin compris que c'était le désespoir et les pleurs des malheureux de ce monde dont je faisais parfois partie. Je l'ai compris lorsque j'ai décodé mon mode de perception. J'ai effectué une thèse sur l'expérience perceptive directe sans faire au départ le lien avec ma manière de percevoir. Je perçois les choses de manière directe, les informations sont déjà en moi avant de passer par les interprétations perceptives et cognitives. Cela agit dans mon corps et me fait penser, parler, agir, avant que je ne sois consciente de la provenance de l'information. En fait, il n'y a pas de séparation entre moi et l'extérieur. Toute ma vie, j'ai confondu ce qui venait de moi et ce qui venait d'ailleurs. Et encore aujourd'hui, c'est flou, ambigu, car il n'y a pas de distinction claire entre les informations. Certaines situations me l'ont montré, je perçois de manière vibratoire. Ce que je perçois n'a pas encore de forme, de consistance, de sens, c'est juste là. C'est flou et noir. Puis je traduis. Comme je suis envahie d'émotions, de pensées, de mémoires, de sensations, non seulement je ne comprends pas ce que je traduis, mais je croule sous le poids de ces données. Ma vie englobe tout ce qui m'entoure et je n'arrive pas à me séparer de ce qui ne m'appartient pas. De toute façon, rien ne m'appartient en propre.

Mon mode perceptif m'a valu bien des déboires. Je me suis longtemps trompée sur moi, sur les gens. J'étais tout le temps à côté de la plaque. Je n'ai pas de mémoire, en tout cas pas la mémoire des dates ; tout se mélange, comme si ce que j'avais vécu dans le passé avait eu lieu en même temps. Je ressens que l'énergie des gens ne correspond pas forcément à ce qu'ils ont dans la tête et encore moins à ce qu'ils me disent. Ne sachant pas l'expliquer, je préfère les écouter et les croire plutôt que de me faire confiance. Simplement pour ne pas paraître bête ou orgueilleuse. Pendant longtemps, ne comprenant pas comment fonctionnaient les autres, j'ai fait semblant d'être comme eux pour paraître normale en société. Ce n'est que dans la solitude que je pouvais redevenir moi-même. C'est le fait de m'éloigner de mon essence qui m'a permis de réussir ma vie professionnelle, mais cela ne pouvait pas durer éternellement. Cela s'est arrêté le jour où mon cerveau a dit stop, en me faisant relire toute la journée et sans parvenir à la comprendre, la même ligne d'un dossier informatique que j'avais rédigé. Je suis alors partie de la banque pour aller dans le milieu culturel, plus proche de mes centres d'intérêt. Puis du milieu culturel au milieu scientifique, plus proche de ma soif de comprendre. Puis du milieu scientifique au milieu spirituel, pour trouver un sens à ma vie. Puis du milieu spirituel au milieu sportif, pour revenir dans mon corps. Ce corps qui aujourd'hui me rappelle à la vie dans ce qu'elle a de plus tordu et de plus merveilleux. Le parcours a en réalité été moins linéaire, mais c'est plus facile à décrire de cette manière.

Chaque jour où j'ai vécu ce que j'avais à vivre a guéri quelque chose en moi. Compte tenu de ma propension à vouloir être conforme, mon processus de guérison a pris du temps. Comment s'est opérée pour moi la guérison? En étant moi-même, aussi bizarre puissé-je être. C'est à la fois simple et compliqué. Comme je m'équilibre par les extrêmes, je suis d'abord passée par la phase d'être les autres. J'ai mis du temps à me rendre compte que je n'étais pas authentique, que je faisais passer les besoins des autres avant les miens. Ou plutôt, je le savais depuis le début, mais j'ai mis un temps fou à l'accepter. Je suis née en m'affublant des habits de sauveuse, de servante, de victime, d'héroïne, de guide. Mon rôle principal fut celui de la guerrière. Le renoncement et le sacrifice, la réussite et la facilité, étaient pour moi la règle.

Il a fallu choc sur choc, trauma sur trauma, écroulement sur écroulement, pour qu'enfin je rende les armes et passe à la phase de pacification. Difficile de quitter son armure de guerrière en paille vulnérable et invincible quand on adore les arts martiaux, l'art de la lutte, ramper au sol en treillis. Mais d'où me vient ce goût du combat ? Depuis toute petite, j'aime me battre tout en ayant peur de recevoir des coups, je rêve de longs tunnels souterrains que des soldats qui me ressemblent empruntent pour se protéger des bombes. Me vient un second souffle quand je grimpe en montagne avec un sac à dos de quinze kilos et que je dois courir en montée si je ne veux pas m'essouffler. J'ai des souvenirs d'une précision effroyable de scènes de tortures, de viols collectifs, de terreur mortelle. Tout cela est gravé et enfermé quelque part dans ma mémoire, dans mes cellules, transmis par les gènes, la conscience de l'humanité et l'inconscient collectif. Ces données subconscientes m'impactent et devront sortir tôt ou tard, d'une manière ou d'une autre.

Je sais sans savoir. Je sens sans sentir. Lorsque je dois avoir une information que l'on me cache, elle m'arrive par synchronicité. Je la reconnais, c'est celle qui me trottait dans la tête et que je ne parvenais pas à admettre. Car j'ai pris l'habitude de voir la vie en rose, de voir les gens sous leur meilleur angle, d'ignorer leurs défauts et leurs manigances. Victime de ma naïveté, je dois alors traverser leurs souffrances, leurs pathologies, leurs mensonges, pour enfin voir les choses et les gens tels qu'ils sont. Paradoxalement, miraculeusement, lorsque je les vois pour ce qu'ils sont, je me vois telle que je suis et je les aime davantage, je m'aime davantage, car je vois des humains et non plus des rôles et des images.

Ma perception est vibratoire et plurielle. Je vis plusieurs existences en même temps, j'évolue sur plusieurs plans et plusieurs dimensions en même temps. C'est ingérable, donc j'oublie tout et je ne crois rien. Je rêve et je sais que je rêve. Et je choisis ce que de mes rêves je veux incarner dans ma vie matérielle, intellectuelle, sociale. Je crois que je choisis, mais je me laisse avoir par mes traumas non résolus, mes blessures qui ne sont pas forcément les miennes. Mais les miennes ou celles des autres, c'est la même chose. Je suis venue ici pour comprendre l'être humain, comprendre comment être humain, humaine. Lorsque enfin je vis ou revis pleinement un trauma, ou que je le conscientise et le vibre en assumant toute ma responsabilité, il se volatilise complètement. Tant qu'il reste des traces ou des émotions, tant que je fuis mes facettes sombres, c'est qu'il reste quelque chose à comprendre, à guérir, à aimer.

Aimer, voilà la meilleure façon d'être humain. Je ne sais pas aimer inconditionnellement, est-ce la raison pour laquelle je devais encore passer par toutes sortes d'épreuves initiatiques ? Inévitables lorsque l'histoire se présente à moi, insupportables lorsque je replonge dedans, incroyables quand le vécu émotionnel dissout ce qui à peine quelques secondes auparavant semblait insurmontable. Mon salut lorsque je suis dans la panade vient de la conscience que je suis bien plus que ce que je crois. Je ne suis pas limitée à mes histoires, à mes émotions, à mes pensées, à mes sensations, à mon ressenti, à mes perceptions, mais tous ces niveaux me constituent et possèdent leur utilité. L'information est la même à tous les niveaux, mais elle s'allège lorsqu'elle évolue de la matière solide à la fréquence subtile. On veut tous être en haut, se sentir supérieurs, alors que l'information est la même en bas, au ras des pâquerettes. Pourquoi vouloir aimer inconditionnellement alors que s'aimer soi-même suffit pour être heureux et aimer les autres? Aujourd'hui, je préfère me réjouir d'aimer un peu quelqu'un avec ses défauts et ses qualités, que de passer mon temps à faire un travail spirituel pour espérer un jour lointain aimer tout le monde de manière inconditionnelle. Avant cela, j'ai quand même mis des années à me pardonner, me guérir, me nettoyer de mes traumas, pour me préparer à des relations d'amour authentique. Lorsque j'ai émergé de mon hibernation purificatrice, le miracle tant attendu est arrivé… sous la forme d'un énième même choc qui m'a remise si violemment dans mon trauma originel… que j'en suis enfin sortie. Mon trauma prend racine dans des guerres, dans des vies d'un autre temps. Il parle de l'atteinte à la dignité intime et de la perversité des figures d'autorité. Plusieurs femmes m'ont raconté des mésaventures à l'atmosphère similaire, qui se sont déroulées dans cette vie-ci, dans un contexte de paix. La concomitance était suffisamment frappante pour que j'en tire une histoire générique qui en restitue l'essence commune.

Imaginez une pauvre femme maltraitée, abusée ou exploitée depuis l'enfance ou de manière plus ponctuelle et qui, après un persévérant et méritant travail sur elle, parvient à retrouver sa pureté, son innocence, sa joie. Elle décide quand même de vérifier qu'elle va bien en allant voir un thérapeute expérimenté pour un ultime soin destiné à lever les blocages restants et réveiller son énergie vitale anesthésiée. La pauvre fille lui a confié sa propension à être soumise et au service des autres, et son besoin de retrouver respect et estime dans le regard de l'autre. En retour, le thérapeute lui offre toute sa compétence et lui propose même de poursuivre par des sessions d'échange tantrique. Il est d'une délicatesse qui lui donne entièrement confiance, elle s'en remet totalement à lui dans la conduite de ces séances sous forme d'interactions plus équilibrées. Elle se sent enfin d'égal à égal avec ce vrai homme aux mots si emphatiques. Que croyez-vous qu'il arriva ? Le thérapeute resta doux et aimant, mais se servit aussitôt d'elle comme d'un objet précieux pour combler ses besoins sexuels. Il échangea avec elle des centaines de messages d'amour brûlant, se désolant à chaque rencontre furtive de devoir la quitter à la minute où il avait décidé de reprendre ses activités. Comment cette pauvre fille ne réussit-elle pas à voir le manège doré de ce thérapeute qui ne répondit plus à aucun de ses messages à partir du moment où elle lui avoua ne plus pouvoir dissimuler ces rencontres illégitimes et clandestines ? Elle ne faisait que revivre une scène maintes et maintes fois rejouée. Elle portait encore en elle la vibration qui a attiré l'acteur qui lui correspondait exactement, aussi celle d'une petite fille qui cherche la protection virile d'une figure d'autorité forte et rassurante. Allait-elle cette fois-ci s'en rendre compte et stopper le cercle infernal de la tromperie en allant dénicher sa propre mémoire d'assujettissement et de dépendance affective ? Allait-elle enfin se faire confiance dans sa capacité à se guérir et à trouver par elle-même la direction et le sens de sa vie ?

Certaines femmes seraient encore dans le doute, le déni, l'espoir qu'elles se sont trompées sur le compte de cet homme et qu'il leur reviendra pour leur proposer une vraie relation d'engagement. D'autres seraient dans la colère, la haine et la volonté de revanche, prêtes à dévoiler toute l'histoire en public. Chacune a ses raisons. Nous avons toutes notre chemin d'évolution et aucune route ne ressemble à une autre. L'erreur serait de suivre celui d'une autre, de se laisser influencer par un courant ambiant qui tel un raz-de-marée emporte tout discernement et toute vérité sur son passage.

En ce qui me concerne, après avoir saisi le fonctionnement de ma mémoire qui confond et m'attribue les histoires d'autres personnes en lien avec des vies passées, j'ai voulu replonger dans mon trauma de guerre pour le régler définitivement. Il avait disparu ! À la place je n'ai vu qu'une douce et lumineuse énergie qui me donnait envie d'aller de l'avant et de réaliser mes projets malgré les nuages sombres et lourds de fatigue, de problèmes, de doutes, de découragement. À ma grande surprise, ont spontanément jailli des pensées affectueuses pour des personnes jadis détestées ;

et à ma grande joie, du respect et de l'amour rempli d'humour pour moi-même. En réalité, était-ce eux qui ne m'aimaient pas ou était-ce moi qui ne m'aimais pas?

Je marche dans une allée de tilleuls centenaires avec une vue imprenable sur Paris. Sous ces mêmes arbres, j'ai compris que la résurgence d'un traumatisme non digéré pouvait être l'antichambre de la guérison. Derrière l'explosion des illusions, m'attendait patiemment ma libération. Abandon, rejet, humiliation, lâcheté. Discernement, détachement, courage, liberté. Rien ne peut être laid lorsque notre cœur se sent beau.

Corps symbolique

Réalité ou symbole de l'Antiquité, le peuple amazone a inspiré l'histoire de l'art… Fascinantes ou repoussantes (les Grecs les auraient détestées, en les combattant en amazonomachie, forcément elles n'étaient ni épouses ni mères !), les femmes au bouclier en forme de demi-lune me parlent.

Les Amazones ne sont pas un mythe ! Les femmes opérées du sein se nomment souvent ainsi, quelque part fières d'accaparer leur symbolique pour s'allier leur « bataille » personnelle. J'ai rencontré beaucoup de femmes, opérées du sein ou pas, en qui l'Amazone résonne.

Résonner (plutôt que raisonner), c'est justement la mission et le rôle de l'archétype, et Chantal en profite pour nous en faire visiter plusieurs. Tout comme elle éclaire nos rêves – car qui n'a jamais rêvé de se trouver nue, ou difforme, ou dans un corps d'homme si on est une femme, et vice versa… Alors pourquoi faire appel aux mythes anciens et à leurs archétypes pour parler du corps des femmes du XXIe siècle ?

Mon corps mythique et mon corps rêvé

Chantal Motto

Psychopraticienne, coach, formatrice et psychanalyste jungienne, elle pratique une psychothérapie humaniste et spiritualiste. Parmi ses spécificités : étude du symbolisme dans les rêves et les mythologies, un axe commun : exploration de l'inconscient dans toutes ses révélations.

Auteure de plusieurs ouvrages : *Déchiffrer ses rêves pour bien guider sa vie*, *Coacher les organisations avec les constellations systémiques*, *Nos héros mythiques*, *Guérir le passé, vivre au présent*, *L'Oracle des mythologies*

Lorsque j'ai commencé à m'intéresser aux rêves et à leur signification[1], outre toute la richesse intérieure que les rêves nous livrent depuis notre imaginaire et en provenance de notre inconscient, je fus époustouflée de voir que nos rêves, spontanément, parlaient de certaines mythologies. C'est ainsi qu'au fil des rêves

1. Il y a plus de trente ans !…

nous parcourons, bien souvent sans le savoir, les épopées mythiques ! À partir de ce constat, mes études sur les rêves se sont doublées d'une redécouverte, ou d'une exploration des mythologies. Ensuite, en devenant thérapeute, j'ai commencé à rechercher les références aux mythes dans les rêves de mes clients et ils ont répondu présents ! Comment expliquer cela ?

Produites par l'imaginaire fécond des êtres humains, les mythologies enrichissent un inconscient collectif que nous partageons tous, sans que nous en soyons véritablement conscients. Les mythes et le rêve nocturne possèdent une origine commune : l'inconscient. De plus, ils procèdent de manière similaire : ils nous parlent par symboles. Ainsi, en décryptant les symboles que les mythes véhiculent, nous leur donnons du sens et nous y trouvons des clés à nos questionnements existentiels fondamentaux. En décodant la symbolique que les rêves utilisent, nous avons accès à cette autre partie de nous-même, jusque-là tapie dans l'ombre de notre subconscient. Ces symboles signifiants nous renseignent sur notre moi profond et sur notre humanité.

La question du corps de la femme nous renvoie à notre image corporelle. Je me souviens de ces rêves quelque peu inquiétants lorsque, enfant ou adolescente, je me retrouvais nue dans la rue et que j'allais à l'école ainsi. Avais-je peur du ridicule ? Avais-je l'angoisse du regard que les autres allaient porter sur moi ? Plus tard, c'est au travail que je me suis parfois présentée (en rêve) dévêtue, avec cette impression de normalité… je me dévoilais et mon corps osait se dévêtir.

Plus largement, que dire de ces rêves qui nous positionnent en séductrices ? Ou bien en apparence masculine ? Ou bien avec un ventre énorme ? Les exemples sont nombreux… Que disent nos rêves de l'image que nous avons de notre corps ? L'image inconsciente produite par le rêve diffère-t-elle de notre image corporelle consciente ? Quelle place le désir a-t-il dans notre inconscient ?

Et les grands mythes de l'humanité, que disent-ils à propos du corps des femmes ? Comment la femme vit-elle le rapport entre son corps et les dieux ? Quelle place occupe-t-elle, dans son incarnation, aux côtés de l'homme ? De quoi le corps féminin est-il le véhicule ?

Partons à l'exploration des représentations symboliques du féminin, que C. G. Jung nommait *anima*, à travers les grands archétypes présents dans notre inconscient collectif :

- Le premier niveau de représentation est celui de la femme primitive, incarnée par Ève ou les femmes fatales, ou encore symbolisée par Vénus et les sirènes.
- Le second niveau est celui de la femme d'action, dont un exemple fort et concret est Jeanne d'Arc. Diane la chasseresse et les Amazones en sont d'autres représentations.
- Au troisième niveau, nous avons la femme de la sublimation, illustrée par l'icône chrétienne de la Vierge, ou encore la déesse Kali chez les hindous, ou Isis chez les Égyptiens, ou Déméter chez les Grecs.
- Au quatrième niveau, nous atteignons la femme sage, une déesse mère qui est une guide, une initiatrice

ou une muse, symbolisée par Sophia de la tradition gnostique.

DANS MON CORPS D'APHRODITE, JE SUIS LA FEMME PRIMITIVE, LA FEMME FATALE

La naissance d'Aphrodite (ou Vénus en version latine) est mythique, telle que rapportée dans l'*Iliade*[1]. Aphrodite, la fille de Zeus, naît à partir de l'écume de l'eau. Transportée par Zéphyr, le maître du vent d'ouest, jusqu'à la Terre (Chypre en l'occurrence), la réputée très belle créature fait la synthèse de trois éléments primordiaux : l'eau, l'air et la terre. Nous pouvons d'ores et déjà identifier les qualités inhérentes à la femme, que le mythe d'Aphrodite nous propose. Avec l'eau, nous voyons la beauté surgir du grand bain originel et cosmique. Celle qui saura donner naissance descend elle-même des eaux primordiales. Avec le vent et l'air, dirigé vers l'ouest, donc la direction de la maturité, sont suggérées sa joie de vivre, la légèreté de son âme et la subtilité de son esprit. Et enfin, son atterrissage sur une île évoque son incarnation terrestre et physique, sa capacité à s'ancrer dans la matière et son rôle de mère nourricière. Les poètes et artistes n'eurent de cesse d'admirer et de célébrer la beauté irrésistible de cette figure emblématique de la femme.

1. L'*Iliade* est une épopée de la Grèce antique écrite par Homère, au VIIIe siècle avant J.-C. En vingt-quatre chants sont décrites les péripéties des hommes et des dieux pendant la guerre de Troie.

Dans le rêve de ma cliente B…

Je me rends compte que j'ai oublié mon maillot de bain. Le lendemain matin, je vais m'en acheter un. Je marche dans les rues ensoleillées, je longe de magnifiques propriétés. Je réalise qu'en guise de maillot de bain, j'ai pris une robe longue. Je me dis que ça ne sera pas facile pour se baigner ou pour bronzer. Je sens mon corps et ma graisse ballotter sous le tissu fluide. Je rentre mon ventre. J'ai l'impression que tout le monde voit mes bourrelets.

Rêve très féminin, où la perspective de se mettre en maillot de bain signifie l'exposition de nos affreux bourrelets au regard de tous et cela nous terrorise !…. En effet, les canons modernes de la beauté fabriquent des injonctions sociétales qui privilégient les mannequins filiformes. Avec ce rêve, nous prenons conscience combien, même inconsciemment, le regard de l'autre impacte l'image que nous avons de nous-même et de notre corps. Lorsque la femme moderne devient un Narcisse anxieux, voire complexé…

DANS MON CORPS D'AMAZONE, JE SUIS LA FEMME DE POUVOIR, LA FEMME GUERRIÈRE

Avec le mythe des Amazones, peuple de femmes guerrières, originaires du bord du fleuve éponyme, voici une autre vision de la femme. La légende dit qu'elles se mutilaient d'un sein (d'où le nom « amazones » qui veut dire «celles qui n'ont pas de seins») pour ne pas être gênées quand elles tiraient à l'arc. Armées d'arcs et de boucliers, elles portaient des casques et des vêtements fabriqués avec des peaux de bêtes sauvages. Elles vouaient un culte à Artémis, déesse de la chasse, et ne reculaient devant aucun danger, s'organisant pour combattre et vaincre.

Le costume de la femme chasseresse est complet! Avec les deux attributs principaux des Amazones, l'ablation du sein et une peau de bête sauvage, nous sommes loin des atours vénusiens… le corps se sculpte à l'image souhaitée et revendiquée, c'est-à-dire : dominer par la force et la lutte. Les Amazones ont mis leurs qualités féminines de côté pour miser sur l'art de la guerre. *Exit* la séduction féminine et le sein nourricier de la bonne mère, le combat est de rigueur.

De plus, avec leur mode de vie tribal et exclusif, nous plongeons dans le règne du matriarcat. En effet, les Amazones ne reconnaissaient de filiation que par la mère et ne s'unissaient à des étrangers que pour assurer leur descendance. Elles élevaient les filles et mutilaient les garçons, afin de les rendre inaptes à toute bataille et pour les astreindre aux tâches domestiques. Les Amazones gouvernaient au sein de leur peuple, elles partaient aussi guerroyer, nombre de récits de la mythologie racontent d'ailleurs comment elles ont eu maille à partir avec les héros grecs. Nous avons vécu pendant les siècles suivants le schéma exactement inverse. Est-ce en réaction aux velléités dominatrices des femmes que les hommes se sont imposés en champions de la bagarre et de la compétition?

Les formes féminines se sont arrondies, l'art du foyer et de la séduction a pris le pas sur l'art des hostilités. L'homme a mis la parure du chasseur et la femme s'est sédentarisée et « civilisée ».

Dans le rêve de C…

Je suis avec des gens, nous allons sortir. Je souhaite me préparer. Je porte un bas de jogging couleur marron et une robe en haut. Je m'arrangerai plus tard. Je finis par partir. Je me trouve à présent à l'arrière d'un taxi. Une personne est assise à côté de moi, m'accompagne. C'est une femme taxi. Elle a un style très marqué, elle porte de grands tatouages en haut de son corps. Je me demande si elle n'a pas le sein droit, mais en fait il est nu et tatoué de couleur rouge. Elle a des formes. Je vais rejoindre mon petit ami.

Deux images de femmes se côtoient dans ce rêve. Une image à demi féminine : la rêveuse ne porte une robe que sur le haut de son corps, le bas de son corps étant habillé d'un jogging. Nous assistons aux préparatifs, puisqu'elle prévoit de s'arranger, s'embellir, pour, plus tard, rejoindre son petit ami.

L'autre image de femme est cette femme du taxi tatouée sur le haut de son corps, ainsi que sur son sein droit. Les tatouages vont représenter des éléments décoratifs qu'elle apporte à son apparence et ce qu'elle souhaite afficher de sa personnalité. Mais aussi peut-être la revendication d'une appartenance à une société primitive ou originelle ? Le questionnement, dans le rêve, quant à la présence du sein ou pas, renvoie à cette image d'Amazone au sein droit amputé. L'image de la femme puissante s'affirme, d'autant plus qu'elle est conductrice, qu'elle a des formes marquées et que la couleur affichée est le rouge, couleur du dynamisme et de l'action, énergie de feu.

DANS MON CORPS D'ISIS, JE SUIS LA FEMME SUBLIMÉE

Isis était la sœur et l'épouse d'Osiris, l'un des personnages les plus importants du panthéon égyptien, puisqu'il fut roi et dieu bienfaisant, ayant apporté la végétation et répandu la civilisation. Comme son apport à l'humanité fut considérable, Osiris attirait l'amour de tous, sauf de son frère cadet Seth, dieu du désert, horriblement jaloux d'Osiris et qui le tua. Osiris fut ainsi cloué dans un sarcophage et jeté dans le Nil. Isis, inconsolable, parcourut le monde à sa recherche. Elle le trouva et le cacha, mais Seth, fou de rage, déchiqueta le corps d'Osiris en quatorze morceaux qu'il dissémina. Isis, persévérante et magicienne, retrouva treize morceaux et reconstitua son corps. Isis, aidée de sa sœur Nephtys et d'Anubis, embauma le corps d'Osiris. Puis, avec son souffle, elle lui redonna vie et engendra même un fils avec lui.

Symbole de la puissance d'un amour inconditionnel, capable de transcender toute haine et de redonner vie, par la force de son esprit, symbolisé par son souffle, Isis ressuscite Osiris. Le quatorzième morceau d'Osiris qu'Isis n'a pas pu retrouver était son phallus. Isis illustre la puissance de l'âme féminine, capable d'enfanter sans recours à une procréation physique. D'ailleurs, dans les mythes, quelques femmes eurent ce privilège de parthénogenèse, c'est-à-dire de pouvoir donner vie sans rapport sexuel ; Héra, Athéna, les mères de Bouddha et de Jésus.

Dans le rêve de F…

Je suis en entretien et on me pose des questions sur le rêve et les expériences de sortie du corps. J'explique qu'on peut faire des dédoublements, des sorties astrales, aller sur des planètes autres et revenir. Je parle de mes expériences comme exemple, je raconte que j'ai fait des sorties astrales qui m'ont fait rencontrer des êtres extraordinaires qui m'ont dotée de qualités, comme celle de guérir autrui. Je regarde un homme assis à ma gauche, qui était handicapé et que je viens de guérir.

Ce rêve décrit une expérience de sortie de corps. Il s'agit d'une grande libération de la condition physique et terrestre, puisque la rêveuse visite librement l'univers. La rencontre d'êtres extraordinaires la dote de vertus particulières, comme celle de guérir. Ce talent va lui servir à soigner un homme handicapé. Lorsque la rêveuse s'identifie à Isis qui redonna miraculeusement vie à Osiris…

DANS MON CORPS DE PANDORE, JE SUIS LA FEMME INITIATRICE, LA FEMME DIVINE, LA DÉESSE

Selon la mythologie grecque, Pandore (dont le nom signifie « tous les dons ») fut la première femme créée à la demande de Zeus, le dieu souverain de l'Olympe. Plusieurs dieux contribuèrent à sa mise au monde : Héphaïstos, le forgeron talentueux, la sculpta. Athéna, la protectrice des villes et des foyers, lui donna vie et habileté. Aphrodite, la déesse de l'amour et de la beauté, lui légua la grâce. Héra, reine de l'Olympe veillant sur les femmes mariées, lui transmit la curiosité et la jalousie. Hermès, le subtil et astucieux messager des dieux, lui apprit de don de persuasion et aussi le mensonge. Enfin, Apollon, l'élégant et séduisant dieu de la lumière, musicien hors pair, lui conféra le talent musical. Dotée de ces nombreux attributs naquit Pandore, première de la lignée des femmes et ravissante créature, admirée des dieux et des hommes.

Mais il est aussi intéressant de noter que c'est à travers elle que Zeus donna une leçon à l'humanité. En effet, les hommes, qui s'étaient procuré le feu par le truchement de Prométhée qui l'avait dérobé aux dieux, méritaient, selon Zeus, une exhortation à l'humilité. Pour ce faire, Zeus donna à Pandore un bien curieux cadeau de mariage lors de son union avec Épiméthée (frère de Prométhée). Il s'agissait d'une mystérieuse boîte qu'elle devait protéger, mais en aucun cas ouvrir. Évidemment, vint le jour où Pandore, malgré toutes ses immenses qualités, ne put plus résister à sa curiosité; elle ouvrit la boîte interdite. Ce fut le geste fatal puisque, de cette boîte, s'échappèrent la maladie, la vieillesse, la guerre, la folie, le vice, la misère, la tromperie et la passion. Paniquée, Pandore tenta de refermer la boîte, mais il était trop tard, tous les maux s'abattirent sur l'humanité. Seule l'espérance put rester; le dernier réconfort des hommes dans leur détresse.

Avec Pandore, la femme s'incarne dans une enveloppe charnelle gracieuse et se voit dotée de qualités de l'esprit et de l'âme, telles que la force de persuasion, la musique et l'amour, mais aussi de sentiments contradictoires, tels que le mensonge, la curiosité et la jalousie. Autant d'éléments que nous devons dépasser en tant que femmes, pour être réellement femmes de sagesse?

Pandore devint dépositaire d'une volonté souveraine, celle du chef de l'Olympe, qui la choisit comme médiatrice pour donner une correction aux hommes, jugés par lui trop orgueilleux. Quelle mission primordiale d'être initiatrice du genre humain pour que son niveau de conscience s'élève et quel challenge de porter l'espoir de toute une civilisation! …

Dans le rêve de G…

Je suis dans un château médiéval. Il fait nuit. Il y a une sorte de rituel/initiation/rencontre de sorcières. Je fais partie de leur groupe. Je ressens un appel et je descends au cœur du donjon central. C'est sombre et éclairé par des torches et des bougies. L'appel est fort, irrésistible. Je vais au centre, il y a une espèce d'autel. Un démon cornu m'attend. Il me prend dans ses bras et nous avons une relation sexuelle très intense et très puissante. C'est comme s'il réveillait en moi une puissance enfouie depuis la nuit des temps. Je sens mon énergie sexuelle et ma kundalini palpiter dans tout mon corps. Je ressens une puissance fantastique. Il n'y a pas de honte, pas de perversion, c'est de l'énergie à l'état pur et j'aime ça. Lorsque c'est terminé, je redescends de l'autel et remercie le démon cornu. Je me sens une autre femme. Je me sens entière dans mon corps de femme, je sens l'éveil de ma libido.

Ce rêve décrit à merveille le rite initiatique du « tantra », à l'issue duquel la rêveuse se transforme et se sent entière et épanouie dans son corps. Dans l'hindouisme et le bouddhisme, le « tantra » vise, à travers diverses pratiques impliquant le corps et les cinq sens, à éveiller l'énergie primordiale qui est en soi et qui monte le long de la colonne vertébrale, la kundalini. Il en résulte un bien-être incomparable, une élévation spirituelle et une forme de libération, provoqués par cette fusion de soi avec l'énergie cosmique. La puissance de cette énergie est permise grâce à un équilibre et une parfaite harmonie entre les pôles masculin et féminin, dont nous sommes tous porteurs. Parmi les rites tantriques, nous trouvons certaines pratiques de yoga, de méditation ou des prières intensives et les rituels sexuels.

Dans ce rêve, le rituel tantrique sexualisé permet à la rêveuse d'élever spectaculairement son énergie : d'une union entre sorcières et diables au départ, nous arrivons à une unité sacrée et pure. Cette rêveuse sublime la tentation du démon et accède à autre chose de plus grand ! La rencontre charnelle du masculin (le diable) et du féminin (la rêveuse) s'exalte en une expérience mystique, dans laquelle sa propre libido se fond avec l'énergie cosmique. L'humain reçoit l'initiation sacrée.

CORPS MYTHIQUE, CORPS SYMBOLIQUE, CORPS TRANSCENDANT…

Alors, au bout du compte, quelle femme suis-je vraiment ? Bien sûr, ma réponse est inclusive : je porte toutes ces femmes en moi, comme vous les portez en vous.

Avec Aphrodite, j'ai découvert mon corps de femme de pure beauté, investi d'une harmonie d'inspiration divine. Charmé par la puissance rayonnante du corps féminin, l'homme s'en trouve séduit, mais je sais que l'attirance charnelle ne suffit pas, qu'elle doit s'accompagner d'une connivence au niveau de l'âme.

Les Amazones m'invitent à considérer que ma force de femme ne réside pas dans une plastique au charme fatal, mais dans mon art de guerroyer et de gouverner. Elles ont pleine possession de leur corps et leur ventre est une matrice qui assure la descendance et garantit la force de la lignée des femmes.

L'œuvre d'Isis me dévoile toute la puissance de l'âme féminine, capable d'éveiller l'homme et même de le ressusciter. Nos beaux rêves savent nous transporter au-delà de notre corps physique. Sous une forme éthérée, nous éprouvons alors la plénitude des vibrations subtiles.

Et enfin, quelques songes magiques nous invitent à des noces mystiques pendant lesquelles le corps et l'âme de la femme et de l'homme se fondent dans une union sacrée, rappelant l'heureuse unité cosmique. Quand notre déesse intérieure rencontre son dieu !

Corps sexuel

Un seul chromosome nous identifie sexuellement mais cinquante nuances de *grey* et plus distinguent nos vies sexuelles. Les choses se corsent quand le genre « s'em-mêle ». Alors bien sûr, en chaussant les lunettes d'Alain, on pourrait se dire que « tout est sexuel ». Ce n'est pas faux, mais pas entièrement vrai non plus.

Petite, si une fée avait pu me donner l'occasion de vivre un de mes vœux, j'aurais longuement hésité entre celui de voler libre comme un oiseau, ou de passer du temps dans la peau d'un garçon. Alors cela m'a vraiment plu de demander à un homme de parler du sexe soi-disant opposé, d'envisager son propre sexe féminin. J'ai trouvé osé qu'il accepte et j'aime l'audace.

Quand notre bisexualité psychique s'exprime, que l'on soit hétéro ou homo, c'est notre couple *anima-animus* qui danse. Sa danse de ré-union, sur ses deux pieds masculin-féminin, Alain nous la dévoile avec beaucoup de douceur poétique et nous invite sur la piste.

Mon corps sexuel de femme

Alain Héril

Psychanalyste et sexothérapeute depuis trente ans. Formateur et superviseur dans plusieurs écoles de formation à la sexothérapie et à la psychopathologie. Professeur émérite à l'université de psychanalyse HSE de Moscou, membre du comité d'experts de Doctissimo, il a été nommé « ambassadeur de lumière » par l'Unesco dans le cadre de l'année de la lumière 2018.

Il est également directeur pédagogique du diplôme universitaire européen de psychopathologie (Université Miguel de Cervantes de Vallaloïd).

Auteur de plusieurs ouvrages sur la sexualité et le couple dont *Femme épanouie*, *Dans la tête des hommes*, *Aimer*, *On ne fait pas l'amour c'est l'amour qui nous fait*

À Philippe Lemaire

Impose ta chance, serre ton bonheur et va vers ton risque. À te regarder, ils s'habitueront
René Char « Rougeur des matinaux »

AU DÉBUT…

Lorsque Stéphanie Honoré m'a demandé d'écrire un texte pour ce livre, je me suis dit que je n'y avais pas ma place, qu'il me fallait me dérober, décliner l'invitation et laisser cet espace à une femme. Comment, même en étant sexothérapeute depuis des décennies, en ayant écouté pendant de longues heures les femmes me parler de leurs sexualités, comment pouvais-je écrire, moi, un homme, sur le corps sexuel féminin ?

J'avais peur de mes projections, d'un trop grand penchant à la théorisation, de mon inconscient masculin empêtré dans les injonctions patriarcales inscrites en moi, malgré moi. En bref, j'avais peur d'un ridicule condescendant et peu pertinent.

Et puis j'ai fini par dire oui en me disant que s'offrait à moi la juste possibilité d'un dévoilement, d'une déchirure dans l'assemblage parfait de certaines de mes zones de confort.

Le psychanalyste que je suis a intégré l'idée freudienne d'une bisexualité psychique propre à chaque être humain et l'idée jungienne de l'*anima*, d'une part féminine chez un homme. En fonction de ces propositions, je ne suis pas qu'un homme hétérosexuel. Je suis aussi un homosexuel, une femme, un transgenre, une personne anormale et, parfois, monstrueuse quand *tout cela* se met à agir en même temps ! Ma sexualité est faite de conscients et d'inconscients et, dans ces zones inconscientes, un corps sexuel de femme est là, présent, reclus. Et comme la vie m'a souvent amené à privilégier mon corps sexuel d'homme pénétrant, il me semble juste, ici, de questionner mon corps sexuel de femme. Celui-là même qui est profondément enfoui dans les brèches et les recoins de moi-même.

LE MAL EN MOI…

Le premier lien que je fais avec le féminin sexuel en moi, c'est le tremblement. J'ai un corps sexuel féminin qui tremble. C'est par ce biais qu'il arrive à glisser sa présence au milieu des attitudes de certitudes de mon corps sexuel masculin. Ce masculin qui cherche l'affirmation dans son érection et la justesse de ses caresses. Ce masculin qui pense exister parce qu'il regarde, scrute, observe comme un vigile qui contrôle le bon déroulement du scénario préexistant à l'*acte*. Eh bien, au cœur même de ces affirmations viriles, il y a comme une intranquillité qui s'immisce. C'est cela, le tremblement. C'est mon corps sexuel de femme qui prend le risque d'une non-assurance, d'un à-peu-près, d'un non-savoir sexuel. Comme une envie de surprise, comme une envie de jeu.

Mais ce à quoi ce tremblement me ramène également, c'est à l'effroi. L'effroi de tous ces instants où j'ai été ramené à l'état d'objet sous les coups de martinet de ma mère. J'étais celui sur lequel elle inscrivait au fer rouge sa frustration de femme. Et c'est cette frustration dont mon corps de femme sexuel porte le fardeau, l'héritage.

Trembler à l'idée de l'inattendu. Trembler à l'idée de l'hématome à venir.

Tout cela n'a rien à voir avec le plaisir mais avec un enjeu qui me dépasse, celui de la perte du contrôle et de la tombée lente et inexorable dans le puits de l'indicible.

Au-delà du tremblement, ce qui caractérise mon corps sexuel de femme, ce sont les trous. L'impression fugace, parfois, d'avoir des espaces entre mes membres. Des espaces où le vent, la tempête même peuvent s'engouffrer. Des trous d'air. Des interstices où je ne sais plus très bien qui je suis. Je suis obligé de faire des efforts constants pour rassembler toutes ces parties, reconstituer le puzzle de mon intégrité corporelle afin de ne pas me diluer dans l'espace vide d'un corps qui cherche à être compact sans y arriver.

Dans ces trous, il y a comme des abîmes. C'est l'endroit de mémoires singulières où s'expriment des traumatismes qui se calfeutrent là, bien au-delà de mon histoire personnelle. Comme des lieux de cris, de rage, de honte et de déprime. Ces trous sont les lieux d'hospitalité pour les râles silencieux des sorcières, des violées, des punies, des tondues. Ces trous dans mon corps sont le théâtre d'une rixe constante entre des parties de moi qui ne veulent pas laisser place à la souffrance. C'est dans ces moments-là que mon corps sexuel d'homme joue à colmater les brèches en rameutant la horde virile du savoir-faire sexuel masculin. Ce savoir-faire qui n'est là que pour empêcher un savoir-être de s'exprimer dans le pli ramassé de la relation, du lien, de l'autre enfin reconnu.

Ces trous ne sont pas des orifices au sens commun du terme. Ce ne sont pas des endroits que l'on pourrait pénétrer. Ce sont des vortex, des aspirations qui cherchent à ameuter ce qui existe alentour. Ce sont des dolines.

Le corps sexué ou sexuel est, en général, appelé à être offert, donné. Il est une proposition faite à l'environnement, comme une proposition de transformation de l'espace social en un espace intime. L'énergie ambiante se modifie. Elle se condense autour du désir qui est une suspension de l'être, un arrêt sur image. Mais il suffit d'un prédateur pour que l'intention de base passe de la danse au carnage. Et plus que le tremblement ou les trous, mon corps sexuel de femme se constitue à l'endroit même du carnage. Je me souviens de ces cohortes de jeunes adolescents passant sous le regard et les mains d'un médecin venant prodiguer au collège les bons soins du corps. Je me souviens de mon sexe apeuré entre ses mains et de son regard éberlué, moqueur et salace sur la limace noire (ce furent ses propres termes !) qu'il tenait entre ses doigts suants. Il est vrai que dans l'est de la France, à cette époque-là, les garçons de couleur n'étaient pas légion. Ce pénis qui aurait dû être ma fierté devenait mon calvaire. Ce pénis qui aurait dû être ma gloire devenait ma honte, mon dépit.

Il y a une femme en moi qui crie, qui bouscule la foule pour se terrer dans un coin perdu. Une femme dont l'âme est bafouée à chaque mot, à chaque rictus porté vers son sexe. Cela génère une colère qui ne se dit jamais mais que je porte au flanc comme une épée de feu.

Longtemps, et notamment au cours de ma psychanalyse personnelle, j'ai cru que j'avais été violé, abusé, incesté… Force est de reconnaître que ce ne fut pas le cas. Je n'ai été que frappé et humilié. Mais cela a forgé en moi l'édification d'un féminin souffrant, d'un corps sexuel où la peur des contraintes et des sévices est encore présente, vivace. Je ne ressens pas les violences faites aux femmes depuis des siècles par empathie ou humanité. Je les ressens par capillarité. C'est comme si, en moi, la femme sexuelle que je suis portait en elle le virus du mal qui fut fait, qui est fait, qui sera fait. Une attention, une mise en vigilance qui est chevillée à mes cellules comme un code génétique qui se réveille à chaque relation sexuelle quelle qu'en soit la nature. Est-ce que tous les hommes font comme moi ? Est-ce qu'ils rameutent leur virilité imposée pour ne pas être trop femmes dans leurs chorégraphies sexuelles ? Est-ce qu'ils se servent du masculin pour tuer le féminin en eux, parce que trop dérangeant, trop, beaucoup trop… ?

Mon corps sexuel féminin n'est pas nommable. Je ne pourrais jamais lui donner un prénom voire un sobriquet. Il existe bien avant le langage. Il est fait de ronces, de germinations, d'humus, de lichen, de limon. Il est profondément végétal. Si je le laissais s'exprimer totalement, il me ramènerait vers la terre. Il ferait de moi une couche de boue lumineuse, un amas de feuilles d'automne, une germination de champignons.

Avant le nom, le verbe articulé, il y a l'archaïque. L'espace de soi où tout est sensations, pulsations. Mon corps féminin est logé au cœur même de ces pulsations, comme une musique de transe et d'effroi, de sourdes imprécations vers des dieux dansants. Avant de pouvoir nommer le corps, il y a la sensation d'une sève en soi et c'est cette sensation même qui sert l'existence, rend palpables l'être et son mystère. Je suis fait de cela dans mes espaces féminins. Avant même d'être sexué, je suis féminisé.

LE BEAU EN MOI...

La féminité qui s'inscrit dans mes différents corps est tissée aussi par la grâce. Une grâce qu'il est difficile de décrire et qui est faite d'un regard décillé sur moi-même. C'est un regard où je me vois tel que je suis, c'est-à-dire vibrations et lumière. Ce regard est présent lorsque j'ai cette impression précise et délicate d'un voile d'apparence qui se déchire pour laisser place en moi à une vulnérabilité qui est tremblement. Ce tremblement est différent de celui décrit plus avant. Il ne s'agit pas d'une réaction à des peurs ou des angoisses mais d'un tremblement de joie, ou plutôt de l'annonce d'une joie. Tout en moi vibre et célèbre le flux de l'être. Je me sens au-delà du vivant dans la nature même de l'essentiel. Peut-on désirer autre chose que cela ? Je ne le crois pas. Cette beauté, comme un poème écrit sur le ventre même de l'univers, me transmute. Elle crée en moi une appartenance à ce qui est.

Ces moments sont inscrits dans la sexualité même. Non pas dans la décharge orgasmique mais dans ces espaces où l'amour glisse sa présence auprès du désir et lui tient la main avec douceur. Cette association entre l'amour et le désir se traduit par des frissons, c'est aussi le moment où la tête se tourne et contemple la mer tandis que les corps continuent leur valse désirante, c'est le velours soudain découvert d'un instant de peau, un mot lâché malgré soi à l'oreille de l'autre, une montée de larmes, un spasme inattendu, la certitude que mourir n'est pas cesser de vivre, la contemplation d'une vulve ouverte comme un don, la peau accueillant le baiser comme une écluse qui se lève…

Mon corps sexuel féminin est donc parcouru par cette grâce. Il est même cette grâce. C'est une dimension spirituelle de la sexualité, celle qui est comme une flèche lancée hors du carquois et qui poursuit sa route vers la cible de l'au-delà de l'Être. Pour moi cette spiritualité est du féminin, profondément. Lorsque ma sexualité aborde ces berges sensibles, c'est mon corps sexuel féminin qui prend les commandes. Je suis Femme en moi. Je suis hors de ma virilité pour apprendre à contempler l'assouvissement du féminin en moi, de mon yin, comme disent les taoïstes. C'est à ce moment-là que j'accueille ma fragilité avec délice et bénédiction. Je ne rejette pas ce qui fait masculin en moi et qui, parfois même, me fait honte. Mais j'aime à le voir se défaire et s'émousser face à la puissance de ma fragilité féminine. L'expérience que je fais dans ces circonstances me montre comment la grâce peut dérouter l'agressivité masculine et la rendre dérisoire et inutile.

Ce qui d'emblée m'amène à cette autre strate de mon corps sexuel féminin. Il s'agit de l'ouverture sauvage. De cette sauvagerie typiquement féminine si bien décrite par Clarissa Pinkola Estés dans *Femmes qui courent avec les loups*.

Lorsque j'entre dans cette énergie puissante, ce n'est pas le guerrier qui s'active, c'est Kali qui est, dans l'hindouisme, à la fois la déesse de la destruction et la mère créatrice de toutes choses.

Kali est la shakti suprême, le réceptacle de l'énergie vitale dans sa folle passion et sa sagesse parfaite. Cette énergie alimente mon Féminin. Cette force sauvage ne détruit pas, elle régénère. Elle ne disloque pas, elle rassemble avec force.

Le contact avec cette part sauvage me permet d'annuler les ruminations futiles de mon mental. Elle me ramène à mon corps dans son essence primordiale. Elle me fait danseur intuitif. Elle me fait chorégraphe de ma sexualité. Et c'est une chorégraphie faite de chaos sensuel et de rythmes syncopés. La sexualité est une danse, et lorsque c'est Kali qui mène le bal tout devient virevoltant, hors du contrôle et du sens. C'est l'ouverture aux synchronicités des corps. C'est le refus du scénario écrit d'avance. C'est une sortie continuelle de l'axe du monde pour entrer dans un magma de sons, d'onomatopées, de crissures et de psalmodies jubilatoires.

Mon monde sauvage féminin est fait de griffes douces, de têtes renversées, de rires hystériques et de contemplation à la lune pleine. Il ne s'arrange pas avec les puissants. Il ne négocie rien. Il affirme les effluves et les fragrances de l'aube. C'est un monde qui n'est intéressé que par les commencements. Chaque chose étant le début d'un mystère. Chaque geste étant le début d'une aventure.

Il y a comme une part de folie, non pas celle qu'on enferme et contraint mais celle qu'on admire, car elle fait voler en éclats les convenances et les normes. C'est le risque de vivre et de se dépasser. C'est le risque de rencontrer le courage de la dissolution et de la perte.

FINIR…

Ici rien ne finit vraiment. Mon corps sexuel féminin est constitué de contrastes et d'ambivalences. De peurs et de courage. De hâte et de ralentissement.

Ce que m'a appris cette part féminine en moi, c'est à ne pas calculer mais à lancer continuellement mon corps contre le haut mur de la joie toujours souhaitée, toujours possible. C'est une rencontre avec la nature dans ce qu'elle a de plus obscur et de plus régénérant. Arbres, fleurs, volcans et oiseaux migrateurs. J'ai appris à apprendre à aimer. De cet amour qui fait peur aux rigides administrations de l'existence programmée.

De cet amour que l'on veut détruire parce que trop puissant, trop pur, trop heureux, trop sauvage.

J'aime la Femme en moi dans ma sexualité. Elle est une alliée galvanisante, une sœur, une compagne de vie. Je ne lui demande pas de me laisser tranquille ou de me satisfaire. Juste de continuer à être cet aiguillon qui donne à la vie ce quantum d'incertitudes et d'interrogations pour me rapprocher de mon centre le plus possible avant que s'arrête le souffle.

Vivre ne va pas de soi, la sexualité non plus. Vivre va vers soi et la sexualité en est le chemin le plus escarpé et le plus lumineusement fertile.

Dans cette totalité qu'offre la sexualité, il ne peut y avoir de complétude que si les contraires s'annulent et si une troisième voie s'ouvre et se prend.

C'est une transmutation secrète. La transformation de mon plomb en or. Et cet or est indéniablement féminin.

Corps sacré

En faisant porter à Audrey la responsabilité de clore ce chœur de corps, je me suis dit que j'aurais pu tout aussi bien le lui faire commencer. Début ou fin, alpha et oméga, c'est ici que tout se rejoint : femmes mystiques et femmes chamanes, féminin et masculin en quête de sens et d'absolu.

Qu'a-t-il de sacré, dans son sens premier de *intouchable*, *inviolable* et *digne d'un respect absolu*, ce corps de femme ? N'est-ce pas complètement paradoxal d'évoquer ou d'invoquer notre corps sacré, quand on tient le décompte des agressions sur les corps féminins pris pour butin depuis… que l'Homme est homme ?

Dans nos sociétés contemporaines et occidentales, la vie du corps féminin passe en rythme mais sans aucun rite. Des premières règles jusqu'aux dernières, le corps doit suivre une ligne nette et sans bavure. Alors que cherchons-nous en réintégrant sa dimension sacrée ? Lui redonner sa place, son caractère spirituel, c'est comme déployer tous les étages de notre corps-fusée, abandonner son « moi » pour découvrir son « Soi ». J'aime comment Audrey questionne ces champs-là avec sa sensibilité et une profondeur hors pair.

Incarner l'amour

Audrey Fella

Historienne, essayiste, journaliste.

Ses recherches portent sur les femmes et le sacré, la mystique chrétienne et laïque. Audrey s'intéresse également aux diverses expressions vivantes de la spiritualité contemporaine incarnée par les femmes, et à la manière dont la religion et la spiritualité peuvent participer à la quête de sens de ses contemporains.

Auteure de nombreux ouvrages, dont *Femmes chamanes – Rencontres initiatiques, Femmes en quête d'absolu, Les Femmes mystiques*

«*Il n'y a qu'un temple au monde, et c'est le corps humain.*» Aujourd'hui je me sens profondément en accord avec cette phrase du poète Novalis.

Pourtant je n'ai pas toujours habité mon corps. Née dans les années 1970, j'ai d'abord grandi avec lui, sans le connaître vraiment. Je me suis soumise à ses besoins en le nourrissant, en le lavant et en le reposant, et à ses désirs. Je l'ai utilisé, sans chercher à le comprendre. Dotée d'une grande sensibilité, je l'ai même fui parfois pour minimiser la douleur physique et la souffrance psychique, dont il était le lieu. J'ai survalorisé l'esprit au détriment du corps, sans savoir que je refusais mon incarnation de femme. Ce qui était sans compter sur ce que la vie me réservait pour comprendre qu'il était le temple de mon âme, et que mon plus grand désir était de l'habiter pleinement pour vivre en harmonie avec celle-ci.

Après plusieurs livres sur les femmes et le sacré, je me suis intéressée à la spiritualité des femmes chez les peuples premiers, qui nous invitent à sentir avant de penser. Je suis allée au Festival du chamanisme à Genac, en avril 2018, dans l'idée d'enquêter sur les femmes chamanes. Et j'ai assisté à diverses cérémonies traditionnelles, dont une qui m'a particulièrement touchée.

Un après-midi, je m'installe donc dans un tipi, à côté d'autres femmes assises en cercle autour de Loumitea, une femme-médecine canadienne d'origine algonquine. Lors d'un premier rituel, cette dernière tient une roue de vie, sur laquelle elle pose une autre roue divisée en périodes de treize ans, qui correspondent aux diverses étapes de la vie de la femme : de la naissance à 13 ans où viennent ses premières règles ou lunes, de 13 à 26 ans où elle déploie son énergie pour procréer et créer, de 26 à 39 ans où elle est tournée vers la maternité qu'il s'agisse d'un enfant ou d'un autre projet, de 39 à 52 ans où elle entre dans la ménopause, etc. Pour chaque période, Loumitea nous invite à nous remémorer silencieusement nos épreuves et nos blessures pour les nettoyer. Le travail commence, et mes souvenirs remontent lentement… Tout d'abord, je repense au jour où mes règles sont apparues pour la première fois. Je suis à l'école et très gênée par l'apparition de sang sur mon sous-vêtement ; le soir, je peine à en parler à ma mère. Puis je recontacte des souvenirs d'expériences amicales ou amoureuses douloureuses, entachées d'incompréhension. À 42 ans, je me sens en partie libérée de ces blessures et plus légère. Ce qui ne m'empêche pas d'être très émue par la souffrance d'autres femmes qui pleurent dans le tipi. Car malgré nos chemins individuels, nous partageons toutes des épreuves communes d'impuissance, de tristesse, de colère, etc. Des images de viol, de maltraitance et autres, jaillissent même en moi sans m'appartenir pour autant. Pour clore ce travail, Loumitea nous demande de dire à haute voix toutes les qualités qui nous ont aidées à traverser ces moments difficiles : « *Courageuse, joyeuse, intelligente, sensible, libre, aimante, belle, généreuse, drôle, forte, douce…* » Les mots fusent dans le cercle. Nous recontactons notre pouvoir de guérison et de création. Lors d'un deuxième rituel, elle nous propose de nous relier à la Terre mère, notre origine à toutes. Nous puisons en celle-ci la force de poursuivre notre route.

Quelques jours plus tard, je revois cette cérémonie où je me suis reliée à moi-même, aux autres et à la nature, à travers mon corps, mes sensations et mes émotions, où j'ai contacté la puissance de mon féminin qui est un mélange de fragilité et de force. Mes nuits sont peuplées de rêves en rapport avec mes blessures qui ont encore besoin d'être pansées et guéries. Cette prise de conscience n'est pas nouvelle, mais profonde. Elle semble provenir de mon corps, plus que de mon esprit. Je réalise ainsi à quel point les femmes sont conditionnées tout au long de leur vie, dès leurs premiers saignements. Dans notre société marquée par la culture judéo-chrétienne, l'arrivée des règles est souvent cachée et honteuse. Les femmes sont parfois même considérées comme impures. La culture moderne ne leur fait pas de cadeau non plus, leur imposant de poursuivre leurs activités quotidiennes, plutôt que de se poser et de s'écouter pendant ce temps-là. Ce qui ne les aide pas à se sentir fières de leur don de création. À l'inverse, la plupart des sociétés amérindiennes traditionnelles accompagnent rituellement les jeunes filles lors de l'arrivée de leurs lunes. Elles célèbrent et valorisent cette période, et ce jusqu'à la ménopause où elles entrent dans une autre étape créative de leur vie. Modelées par les valeurs du patriarcat, beaucoup de femmes occidentales rejettent leur nature féminine, négligeant voire méprisant leur utérus et leurs règles. Elles sont coupées de leurs sensations et de leurs émotions, qui se manifestent encore en elles, à travers la maladie parfois lorsqu'elles ne les écoutent pas. Ainsi vivent-elles en dehors de leur corps qui est la clé de leur féminité et de leur être, et renient-elles la «*femme sauvage*[1]» spirituelle, libre et sage, qui sommeille en elles. Qu'il s'agisse des règles, de la

1. Ce concept est celui de la conteuse et psychanalyste Clarissa Pinkola Estés.

sexualité, de la grossesse, de l'accouchement, de la maternité ou de la ménopause, rares sont en effet les femmes qui la sentent en action à travers elles à ces occasions aujourd'hui.

Après cette expérience, j'ai écrit un livre *Femmes chamanes – Rencontres initiatiques*, pour lequel j'ai rencontré six femmes : Maud Séjournant, Claire Barré, Lorenza Garcia, Myriam Beaugendre, Brigitte Pietrzak et Sandra Ingerman – des chamanes et des femmes-médecine qui m'ont aidée à approcher le féminin sacré. Toutes m'ont demandé de poser une intention pour leurs rituels ou leurs cérémonies : le désir de devenir mère. Je n'ai pas d'enfant, et mon compagnon et moi en souhaitons un. Mais voilà, il ne vient pas. Je commence alors un voyage intérieur, qui m'interroge sur le corps et la création féminine. Je suis invitée par ces dernières à regarder à l'intérieur de moi-même pour aller déloger mes blessures, celles qui gardent la porte de mon cœur, de mes désirs profonds, de la liberté et de l'amour. Chacune d'elles m'aide à accoucher de moi-même avant de porter un enfant, et de mettre au monde un être de chair et de sang. Mais je me méfie de mon corps. Je ne me donne pas accès à son désir essentiel et à sa sagesse innée. Je me confronte ainsi à l'incapacité de m'incarner totalement. J'ai trouvé ma voie professionnelle, je suis en couple, mais je n'ai pas encore consenti entièrement à la vie et dit Oui à tout ce qui est, agréable ou désagréable, Oui au Vivant qui vibre en moi. En fait, j'ai peur de la vie, peur qu'elle me change et me fasse disparaître, car elle est une succession infinie de petites morts et de renaissances. Je n'ai pas assez confiance en elle. J'attends de vivre donc. Pourtant je m'engage dans cette aventure faite sur mesure pour moi, en faisant mes divers voyages chamaniques, mes stages de chant et de peinture de sable selon la sagesse Navajo, ma diète de rose selon les principes du chamanisme amazonien, et mon rituel mongol. Autant de pratiques qui vont me ramener à ma juste place, dans mon corps et dans mon cœur, et me faire advenir à une maternité spirituelle, en m'ouvrant à une conscience plus grande que moi.

Longtemps attirée par le féminin sacré, celui-ci est d'abord resté un joli concept dans ma tête, avant de s'incarner dans ma chair. Ne concernant pas que les femmes mais aussi les hommes, il nous convie à plonger en nous-mêmes. À nous mettre à l'écoute de notre intériorité et à patienter quand nos pensées défilent sans cesse pour capter derrière elles un silence subtil… où peut se dévoiler notre être, le Soi, une présence intérieure, cette part sacrée et divine en nous – autrement dit notre identité véritable. À partir de là, on peut entendre la voix d'une conscience plus vaste et agir en fonction d'elle, accepter nos blessures et les transformer. Notre corps n'est pas que le réceptacle de cette expérience, il connaît le chemin qui peut nous reconduire vers la présence qui l'habite. « L'être » est du côté du féminin et « le faire » du côté du masculin, nous dit Sandra Ingerman. Une fois que l'on est, on peut faire. Voilà ce qui définit notre pouvoir de création, cette alliance du féminin et du masculin dans une dynamique infinie qui fait la vie. Ainsi le féminin sacré, indissociable du masculin sacré, participe-t-il à notre guérison, à notre transformation et à la création tout à la fois. En nous reliant à cette conscience, en aidant le Vivant à nous renouveler, il nous permet de devenir qui l'on est vraiment, d'intégrer une nouvelle manière d'être et de vivre plus libre et plus aimante envers nous-mêmes et les autres, et de générer le monde dans lequel on souhaite vivre.

C'est ce qu'enseigne Carol Anpo Wi, une femme-médecine initiée par le Conseil des Anciennes des Treize Lunes[1], à travers la pratique du *tiyoweh*, qui signifie « entrer en silence » ou « tranquillité, immobilité » pour les Cherokees. Pour elle, ce temps de silence est essentiel pour que les femmes aient accès à leur féminin profond. Car c'est dans l'écoute de leur voix intérieure qu'elles peuvent percevoir leur vérité, qui vient de l'*Orenda*, « l'essence spirituelle ou l'Éternelle Flamme d'Amour », que le Grand Esprit a placée en toute chose. Cet état permet aux femmes de se connecter à leurs rêves profonds et à la Source divine, à partir de leur utérus. Surtout pendant le temps des règles, où l'accès à cet autre monde est facilité. L'utérus, qui est relié à la sagesse de la Terre mère et au mystère de la vie, est le creuset où naissent les rêves et les visions. C'est en lui que les femmes peuvent trouver leur mission de vie. Les Anciennes l'appellent « *la loge du rêve où naît la lumière* ». Étant une éponge des mémoires individuelles et collectives, il a néanmoins besoin

1. Cet enseignement est décrit par Jamie Sams, une femme-médecine cherokee et seneca, dans *Les 13 Mères originelles*, Éditions Véga, 2011.

d'être nettoyé puis resacralisé. Les femmes peuvent alors contacter dans leurs rêves et leurs visions les graines du monde à venir et leur donner vie avec l'aide des hommes, qui sont indispensables pour les faire grandir et les rendre viables pour les générations futures.

Le corps apparaît là comme le support d'une expérience vitale. Souvent considéré comme inférieur à l'esprit, il est pourtant le dépositaire d'une connaissance originelle, capable d'engendrer notre être et de nous transformer en profondeur. Par-dessus tout, il est le lieu de l'ouverture du cœur, qui peut nous aider à nous relier au Vivant et à retrouver notre juste place au sein de l'univers. L'esprit est alors au service du corps et du cœur. Fonctionnant harmonieusement ensemble, ces trois dimensions révèlent le divin qui anime la matière et la vie, où tout est sacré.

Au fur et à mesure, mon enquête journalistique sur le chamanisme est donc devenue une «en quête» de soi. En plongeant en moi-même, j'ai fait la connaissance d'une présence intérieure, aimante et apaisée, qui n'a cessé de me guider et de m'accompagner depuis. Les prises de conscience se sont enchaînées, je me suis transformée et ma vie a changé. Alors que l'écriture des *Femmes chamanes* était en cours, je me suis séparée de mon compagnon. Mon couple n'a pas résisté aux ajustements que me dictait ma petite voix intérieure. J'avais peur, mais j'ai avancé. J'avais mal, mais j'ai gardé confiance. Car au fond de moi, je savais que cela était juste. J'ai épousé simplement ma voie. Ce faisant, j'ai accepté de m'incarner. Mon corps, qui est le temple de mon être, est devenu mon ami. Dans chaque situation, je n'avais qu'à écouter ce qu'il me disait, où il voulait me conduire. Tous ces événements m'ont initiée et m'ont aidée à devenir femme. Ayant libéré cette énergie sacrée qui sommeillait en moi, je l'ai vu se déployer dans ma vie. La peur m'a quittée petit à petit. Je me suis abandonnée au Vivant. Je ne suis pas tombée enceinte, mais en amour avec la Vie. En fait, je portais en moi une «flamme» qui attendait que je poursuive ma naissance à ce que j'étais. J'ai accouché de moi-même.

Accoucher de soi d'abord pour ensuite donner la Vie, tel est l'enseignement de ce chemin. La maternité n'est pas que physique, elle est aussi spirituelle. C'est aller à la rencontre de notre essence divine présente dans notre corps et notre chair. C'est accueillir et devenir le réceptacle de cette Vie, qui veut croître en nous. Voilà le sens du féminin pour les femmes comme pour les hommes. Cela va bien au-delà de la pulsion biologique, qui va de pair avec le besoin de durer et de posséder. C'est un état d'être, issu d'un désir profond, qui nous invite à nous désidentifier de notre personne fondée sur une identité, un nom, un métier, etc., pour découvrir et embrasser notre être, puis à unifier ces dimensions humaine et divine de nous-mêmes.

Aussi est-ce un grand Oui qui nous est demandé.

Un Oui inconditionnel à tout ce qui est et ce qui vient pour poursuivre notre chemin en confiance et incarner l'amour. Cette renaissance consciente devant nous permettre de nous ouvrir et de nous relier plus profondément aux autres, d'être plus humains et de renouveler le monde.

Dernier hommage

La vie sait se faire entendre et joue parfois à se manifester au-delà des choses visibles.

Le jour où j'ai échangé avec mon père au téléphone, lui disant que je terminais ce livre, il venait de recevoir le matin même des lettres qu'un cousin avait retrouvées en faisant du tri chez lui. En un SMS, mon père m'envoya quelques captures d'un lointain passé. Sa grand-mère – mon arrière-grand-mère donc (que j'ai bien connue car elle est décédée quand j'avais 13 ans) – et sa mère – ma grand-mère chérie – envoyaient des nouvelles à leur famille, en novembre 1944.

La synchronicité dans cet espace-temps m'a soufflée.

J'ai été très émue par le rappel de sa vie, par ce rappel de la Vie, dans une période de l'histoire tourmentée. Ma grand-mère et mon arrière-grand-mère pleuraient la perte d'un frère et d'un fils, engagé dans les FTP, « assassiné », comme elle l'écrit alors, par une patrouille allemande dans une France occupée. Retrouvé le corps criblé de balles, son visage portant les empreintes des bottes ennemies, trois jours avant que les alliés ne débarquent début juin 44, «et la nuque baignant dans le frais cresson bleu», dire que *Le Dormeur du val* me ferait à jamais penser à lui, d'autant plus qu'il y avait un château de Val tout près...

Surgie au moment où je clôturais ce *Corps de femmes*, cette lettre se frayait un chemin jusque-là, tachée par le sang sorti d'un doigt coupé lors d'un travail manuel de mon aïeule. Il m'a semblé que par cette irruption soudaine et fort à propos, le *corps* même de cette lignée féminine m'envoyait un coucou ! Hep ! Toi là, oui toi ! Il y a un corps de femme dont tu n'as pas parlé, c'est celui d'Anna, une mère qui perd son fils de 33 ans !

Avec elle, tous ces corps de femmes, que la langue française n'arrive même pas à nommer – il n'y a que dans l'art que les *pietá* sont reconnues –, la société ne donnant pas de substantif aux mères – et aux pères – privées à vie de leur enfant...

Je t'ai entendue, Mémée, je vous ai entendues et je dédie ce livre à mes mères, grands-mères, arrière-grands-mères..., avec amour.

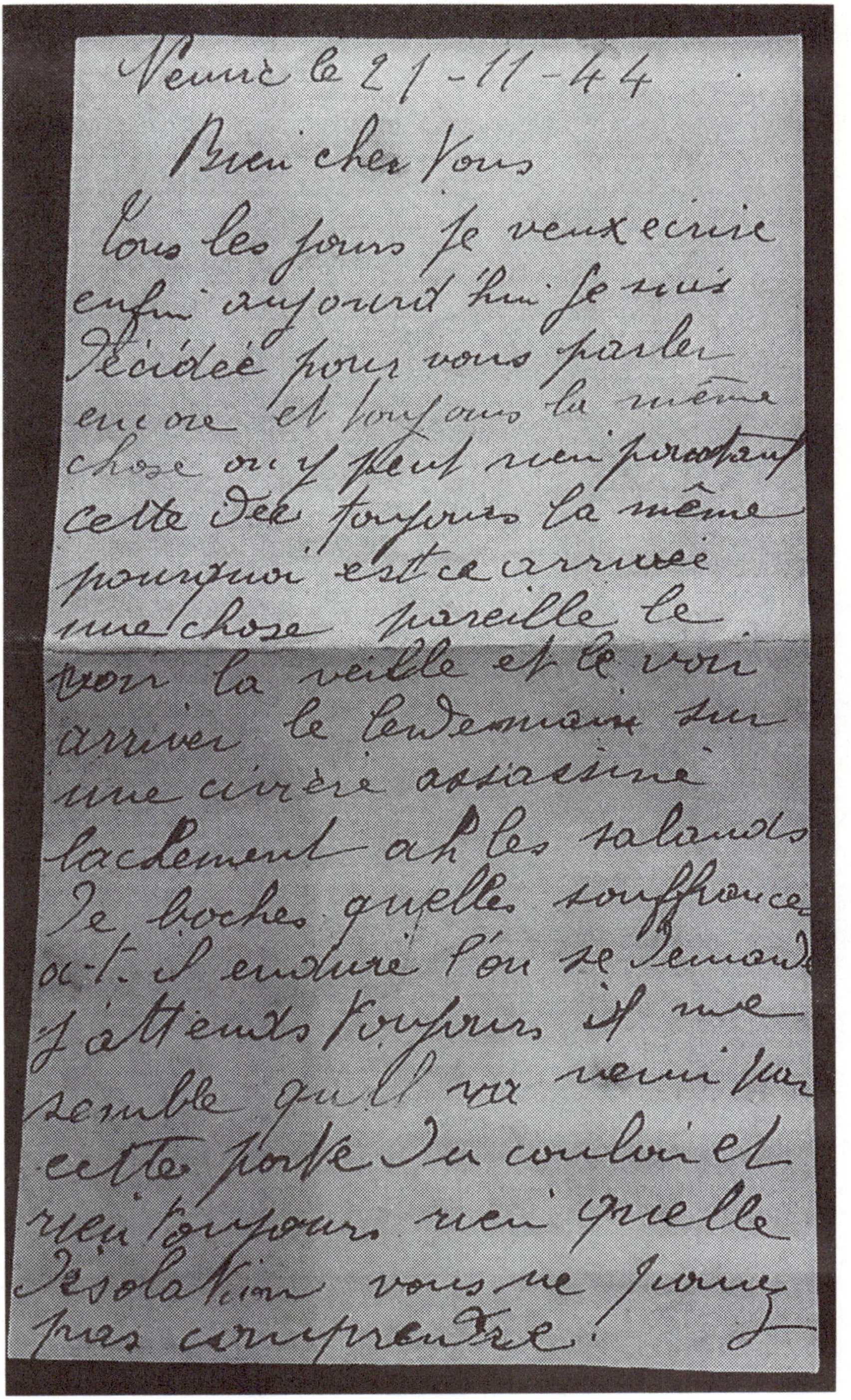

Nevers le 21-11-44

Bien chers Vous

Tous les jours je veux écrire
enfin aujourd'hui je suis
décidée pour vous parler
encore et toujours la même
chose on y peut rien pourtant
cette idée toujours la même
pourquoi est ce arrivée
une chose pareille le
voir la veille et le voir
arriver le lendemain sur
une civière assassiné
lâchement ah les salauds
de boches quelles souffrances
a-t-il enduré l'on se demande
j'attends toujours il me
semble qu'il va venir par
cette porte du couloir et
rien toujours rien quelle
désolation vous ne pouvez
pas comprendre !

Des mêmes auteurs

Lucie BERTRAND-LUTHEREAU
https://www.ecole-intention.fr

Big Bang Baby, Sokrys éd., 2013

Thi Bich DOAN
http://www.coachingcoeur.com/

Un an entre les mains de l'univers, Flammarion, 2017
La Cohérence cœur-corps-esprit, Leduc, 2018
À l'heure des synchronicités, Books on demand, 2020
L'Oracle cœur-corps-esprit, Le Lotus et l'Éléphant, 2021

Audrey FELLA

Mélusine et l'éternel féminin, Dervy, 2006
Hildegarde de Bingen, la sentinelle de l'invisible, Le Courrier du Livre, 2009
Ordalie amoureuse, R. de Surtis, *2009*
Les Femmes mystiques – Histoire et Dictionnaire, Robert Laffont, coll. « Bouquins », 2013
Hildegarde de Bingen – Corps et âme en Dieu, Le Seuil, coll. « Points », 2015

Femmes en quête d'absolu, Albin Michel, 2016

Femmes chamanes – Rencontres initiatiques, Mama Éditions, 2020

Christiane Singer, une vie sur le fil de la merveille, Albin Michel, 2022

Dominique GROS

Le Sein dévoilé, Stock, 1987

Les Seins aux fleurs rouges, Stock, 1994

Cancer du sein, entre raison et sentiments, Springer, 2009

Alain HÉRIL

https://alainheril.com/

Journal d'un sexologue, Courrier du Livre, 2003

Femme épanouie, Payot, 2012

Dans la tête des hommes, Payot, 2016

Aimer, Marabout, 2010

On ne fait pas l'amour, c'est l'amour qui nous fait, Trédaniel, 2021

Oracle sexualité sacrée, Leduc, 2021

Stéphanie HONORÉ

https://stephanie-honore.fr

Cancer du sein, Le Seuil, 2006

La Face cachée de la conscience, Books on Demand, 2019

Cahier d'exercices pour mieux vivre son cancer du sein, ESF, 2014

Les 100 mots de la vie de bureau, Eyrolles, 2009

Sophie KUNE

Ménopausée et libre! Manifeste pour une ménopause réinventée, Marabout, 2021

Maï LE DÛ

Bord de mères, Elpea, 2005

Ma to do list grossesse, Marabout, 2012

Chantal MOTTO

https://www.chantalmotto.com/

Déchiffrer ses rêves pour bien guider sa vie, Inter-Éditions, 2017

Coacher les organisations avec les constellations systématiques, Interéditions, 2013

Nos héros mythiques, Eyrolles, 2018

Guérir le passé, vivre au présent, Eyrolles, 2019

L'Oracle des mythologies, Eyrolles, 2020

EstElle PENAIN

https://www.estellepenain.com/

Naître fille, devenir femme, Leduc, 2018

Emmanuelle SONI-DESSAIGNE

http://lamourmedecin.org

L'Amour médecin, Leduc, 2023

De lumière et de chair, Le Nouvel Athanor, 2021

Sylvie TENENBAUM

Les Hommes naissent libres et égaux… et les femmes? Albin Michel, 2014

Se libérer de l'emprise émotionnelle, Leduc, 2018

Dépasser ses traumatismes, Leduc, 2017
Vaincre la dépendance affective, Albin Michel, 2011
Tantôt victime, tantôt bourreau…, Larousse, 2021
Le Divan de Cléopâtre, Hugo Document, 2021

Table

CET OUVRAGE
A ÉTÉ ACHEVÉ D'IMPRIMER
SUR ROTO-PAGE
PAR L'IMPRIMERIE FLOCH
À MAYENNE EN FÉVRIER 2023

N° d'impression : 101988
Imprimé en France